Birte Stratmann, Nicole Weber

Religion im Anfangsunterricht

Bebilderte Geschichten – leichte Texte – Rituale und Organisationshilfen

Birte Stratmann arbeitet als Grundschullehrerin und hat bereits einige Unterrichtsmaterialien veröffentlicht.

Nicole Weber arbeitet als Grundschullehrerin in Niedersachsen und hat bereits zahlreiche Unterrichtsmaterialien veröffentlicht.

Wir verwenden in unseren Werken eine genderneutrale Sprache, damit sich alle gleichermaßen angesprochen fühlen. Wenn keine neutrale Formulierung möglich ist, nennen wir die weibliche und die männliche Form. In Fällen, in denen wir aufgrund einer besseren Lesbarkeit nur ein Geschlecht nennen können, achten wir darauf, den unterschiedlichen Geschlechtsidentitäten gleichermaßen gerecht zu werden.

3. Auflage 2024

AAP Lehrerwelt GmbH
Veritaskai 3
21079 Hamburg
Telefon: +49 (0) 40325083-040
E-Mail: info@lehrerwelt.de
Geschäftsführung: Andrea Fischer, Sandra Saghbazarian
USt-ID: DE 173 77 61 42
Register: AG Hamburg HRB/126335

Autorschaft:	Birte Stratmann, Nicole Weber
Covergestaltung:	TSA&B Werbeagentur GmbH, Hamburg
Coverfoto:	Child touching picture of rainbow on window (© New Africa - stock.adobe.com_ 372604516)
Foto:	Erntedankaltar (Patrick Poendl/stock.adobe.com)
Illustrationen:	Katharina Reichert-Scarborough sowie Wibke Brandes, Mele Brink, Marion El-Khalafawi, Julia Flasche, Gisela Fuhrmann, Renata Gdaszewska, Alexandra Hanneforth, Elisabeth Lottermoser, Rebecca Meyer, Clara Miller, Petra Lefin
Satz:	L101 Agentur für Mediengestaltung, Fürstenwalde
Druck und Bindung:	Zimmermann Druck + Verlag GmbH, Balve

ISBN/Bestellnummer: 978-3-403-20836-5
www.persen.de

Inhaltsverzeichnis

Didaktisch-methodische Hinweise

Religion im Anfangsunterricht

Kinder kommen mit unterschiedlichen religiösen Vorerfahrungen in den Unterricht. Einige Schülerinnen und Schüler haben einen Kindergottesdienst besucht, sind in einer Familie aufgewachsen, die christliche Werte lebt, oder waren in einem christlichen Kindergarten. Andere Kinder haben bis zum Schuleintritt weniger von Gott und Jesus erfahren. Hinzu kommt die religiöse Vielfalt in der Grundschule. Eine Herausforderung, auf die die Lehrkraft angemessen reagieren muss.

Der erste Kontakt mit dem Religionsunterricht in der Schule geschieht bereits im Anfangsunterricht. Der Anfangsunterricht sollte so angelegt sein, dass die Schülerinnen und Schüler mit Vorerfahrungen ihr Wissen einbringen können und auch die Kinder mit wenig Vorwissen einen Zugang zu Gott finden.

Der Religionsunterricht sollte Raum für einen offenen Austausch lassen, religiös geprägte Gespräche ermöglichen, Fragen und Rituale einbeziehen und den Kindern zudem Fakten und geschichtliches Wissen vermitteln. Neben biblischen Texten sollten auch Themen wie „Leben zur Zeit Jesu“, „Feste im Kirchenjahr“ und „Religiöse Symbole“ ihren Platz im Unterricht finden.

Dabei ist es wichtig, dass nicht an der Lebenswelt der Kinder vorbei unterrichtet wird. Religion muss neben der Wissensvermittlung auch Platz für persönliche Gespräche lassen. Es ist wichtig, flexibel auf die Fragen der Schülerinnen und Schüler zu reagieren und ggf. den geplanten Unterrichtsverlauf zu verlassen, um auf die Kinder einzugehen, sie ernst zu nehmen und Raum für ihre Bedürfnisse zu schaffen. Kaum ein anderes Fach bietet dafür mehr Potenzial als der Religionsunterricht.

Im Fach Religion kann sich vieler Methoden bedient werden – dem Religionspädagogen stehen vielfältige Handhabungen zur Verfügung (z. B. Projektarbeit, Lieder, Bodenbilder, Standbilder, szenische Spiele, Bastelarbeiten), die das Fach Religion so abwechslungsreich machen.

Mit dem Unterrichtsmaterial dieses Buches wird Ihnen ein bunter Strauß an Vorschlägen für einen kreativen Religionsunterricht bereitgestellt.

Herausforderungen

Wie auch in anderen Fächern, gilt es im Anfangsunterricht des Faches Religion, mit der Aufgabe umzugehen, dass zunächst ganz auf Schrift verzichtet werden muss. Arbeitsaufträge oder Lieder können von den Erstklässlerinnen und Erstklässlern nicht erlesen, Antworten auf Fragen können kaum oder gar nicht schriftlich notiert werden. Im Prinzip ist der Einstieg in den Religionsunterricht vergleichbar mit der Wissensvermittlung der alten biblischen Geschichten, denn diese Geschichten wurden damals zunächst mündlich weitergegeben.

Die zunehmende Heterogenität in den Klassen fordert die Lehrkräfte an Grundschulen zusätzlich heraus: Während einige Schülerinnen und Schüler bereits lesend zur Schule kommen, lesen und schreiben andere Kinder erst nach ein paar Wochen die ersten Wörter und kurze Sätze.

Viele Lehrkräfte wünschen sich daher für den Religionsunterricht im ersten Schuljahr selbsterklärende Arbeitsaufträge und unterstützende Materialien, wie z. B.:

- Symbolkarten
- leichte Texte, welche die Schüler ab der Mitte des ersten Schuljahres selbstständig erlesen können
- bebilderte Texte, in denen die Bildaussage den Text übernimmt
- Aufgabenstellungen, die Arbeitstechniken trainieren und später durch das verstehende Lesen ersetzt werden können

Um die Aufmerksamkeit der Kinder aufrechtzuerhalten und sie zu motivieren, ist es wichtig, Inhalte handlungsorientiert zu unterrichten. Ein Religionsunterricht, der vom Methodenwechsel lebt, ermüdet die Schülerinnen und Schüler nicht. Im Gegenteil: Ein abwechslungsreicher Unterricht lässt die Religion mit all ihren Aspekten und in ihrer Vielschichtigkeit lebendig werden.

Alle Vorschläge in diesem Buch sind so angelegt, dass möglichst viele Kinder die Aufgaben selbstständig erledigen können, sodass die unterschiedlichen Leistungsniveaus berücksichtigt werden.

Werden die Geschichten als Bildergeschichten zusammengefasst, bleibt es leistungsstarken Schülerinnen und Schülern vorbehalten, zu den Bildern kurze Texte beispielsweise Sprechblasen zu notieren.

Angebotene Bastelarbeiten fassen biblische Geschichten meistens „wortlos" zusammen und fordern die Kinder dabei gleichzeitig auf, die Geschichte in ihren eigenen Worten nachzuerzählen sowie bastelnd die Feinmotorik zu schulen.

Erfahrungsspiele dienen dazu, Personen der biblischen Geschichte und ihre Schicksale intensiver kennenzulernen.

Ein handlungsorientierter Religionsunterricht spricht viele Kinder mit unterschiedlichen Leistungsniveaus an und bewirkt, dass sich Inhalte besser einprägen und diese behalten werden. Eine Religionspädagogin / Ein Religionspädagoge ist zunächst auf die Sprache und Bilder als Elemente der Wissensvermittlung angewiesen. Dieses gilt auch für die Aufgabenerläuterung. Daher finden Sie in diesem Band Symbolkarten (s. Symbolkarten „Arbeitsanweisungen"), die die Arbeitsaufträge abbilden. Die gleichen Symbole befinden sich auch auf den Arbeitsblättern.

Die einzelnen Stundenbilder sind so aufgebaut, dass zunächst in Kürze das benötigte Material aufgeführt ist. Es folgt ein Vorschlag für einen möglichen Stundenverlauf, der auch immer Vorlesetexte für die Lehrkraft beinhaltet. Im Anschluss an die Verlaufsbeschreibung befinden sich Materialien, wie Arbeitsblätter und Bastelideen, für die beschriebene Unterrichtsstunde.

Die Herausforderung, zunächst ohne Schriftsprache auskommen zu müssen, birgt auch eine Chance. Intensive Kreisgespräche und Bildbetrachtungen, Lieder, die mitreißen oder zum Nachdenken einladen, können eine Basis für Religionsstunden sein, die Schülerinnen und Schüler im Schulvormittag als Oase empfinden. Wir erleben es jedes Mal als wunderbares Lob, wenn Grundschulkinder beim Stecken des Stundenplans erfreut feststellen: „Super, heute haben wir wieder Religion. Ich freue mich schon darauf!"

Rituale im Anfangsunterricht

Rituale sind für Kinder wichtig, sie geben Orientierung und Sicherheit. Der Religionsunterricht kann durch das folgende Anfangsritual strukturiert werden:

Einstiegsritual

Auf einem Tuch steht in der Kreismitte eine LED-Kerze, welche mit religiösen Symbolen dekoriert ist.

Die Lehrkraft gibt einen Gegenstand, wie z. B. einen Stein oder ein Glöckchen, im Kreis herum. Mit der Begrüßung: „Schön, dass du da bist, [Namen eines Kindes einfügen]", wandert der Stein von einem Kind zum nächsten.

Nach dieser Begrüßungsrunde wird ein Lied gesungen, z. B. „Halte zu mir guter Gott" (Text: Rolf Krenzer, Melodie: Ludger Edelkötter) oder „Gottes Liebe ist so wunderbar".

Anschließend werden Symbolkarten an die Tafel geheftet, die Auskunft über die Methode der aktuellen Unterrichtsstunde geben (s. Symbolkarten „Sozialformen und Unterrichtsmethoden") und den Kindern eine Hilfestellung beim Zurechtfinden bieten.

Das Ende der Religionsstunden kann gleichermaßen ritualisiert stattfinden. Dazu treffen sich alle noch einmal zur gemeinsamen Reflexion im Stuhlkreis.

Gestaltung des Religionsunterrichts

Folgende Methoden unterstützen die Kinder beim Unterrichtsverlauf:

- Beim Vorlesen und Erzählen von biblischen Geschichten ist es für die Schülerinnen und Schüler hilfreich, wenn sie begleitendes Bildmaterial an die Hand bekommen, die Geschichte mittels Figuren (z. B. durch kleine Biegefiguren oder Pfeiffenputzermännchen) vertiefen oder mithilfe unterschiedlicher Materialien das Gehörte als Bodenbild umsetzen können.
- Die Lösungen der Arbeitsblätter können den Kindern im Klassenraum zugänglich gemacht werden und dadurch ein selbstständiges Arbeiten ermöglicht werden. Ein im Klassenraum hängendes Plakat visualisiert das aktuelle Unterrichtsthema. Dieses Plakat kann mit der Überschrift „Unser Thema im Religionsunterricht" versehen werden. Ein zum Unterrichtsthema passendes Bild wird dann ergänzt und ausgetauscht.
- Ein Ausstellungstisch mit Sachbüchern zum jeweiligen Thema sowie eine Leseecke ermöglichen den Kindern einen Zugewinn an Informationen und Wissenserweiterung. Dazu können den Kindern einfache Sachbücher und Kinderbibeln zur Verfügung gestellt werden.
- Als Signal zum Aufräumen eignet sich eine Aufräummusik oder ein akustisches Signal, z. B. eine Klangschale.
- Es hat sich bewährt, eine Klarsichtfolie in die Mappe des Kindes zu heften, da unfertige Aufgaben oder noch nicht aufgeklebtes Material in diese Folie gesteckt werden können und somit nicht verloren gehen.

Symbolkarten „Arbeitsanweisungen“

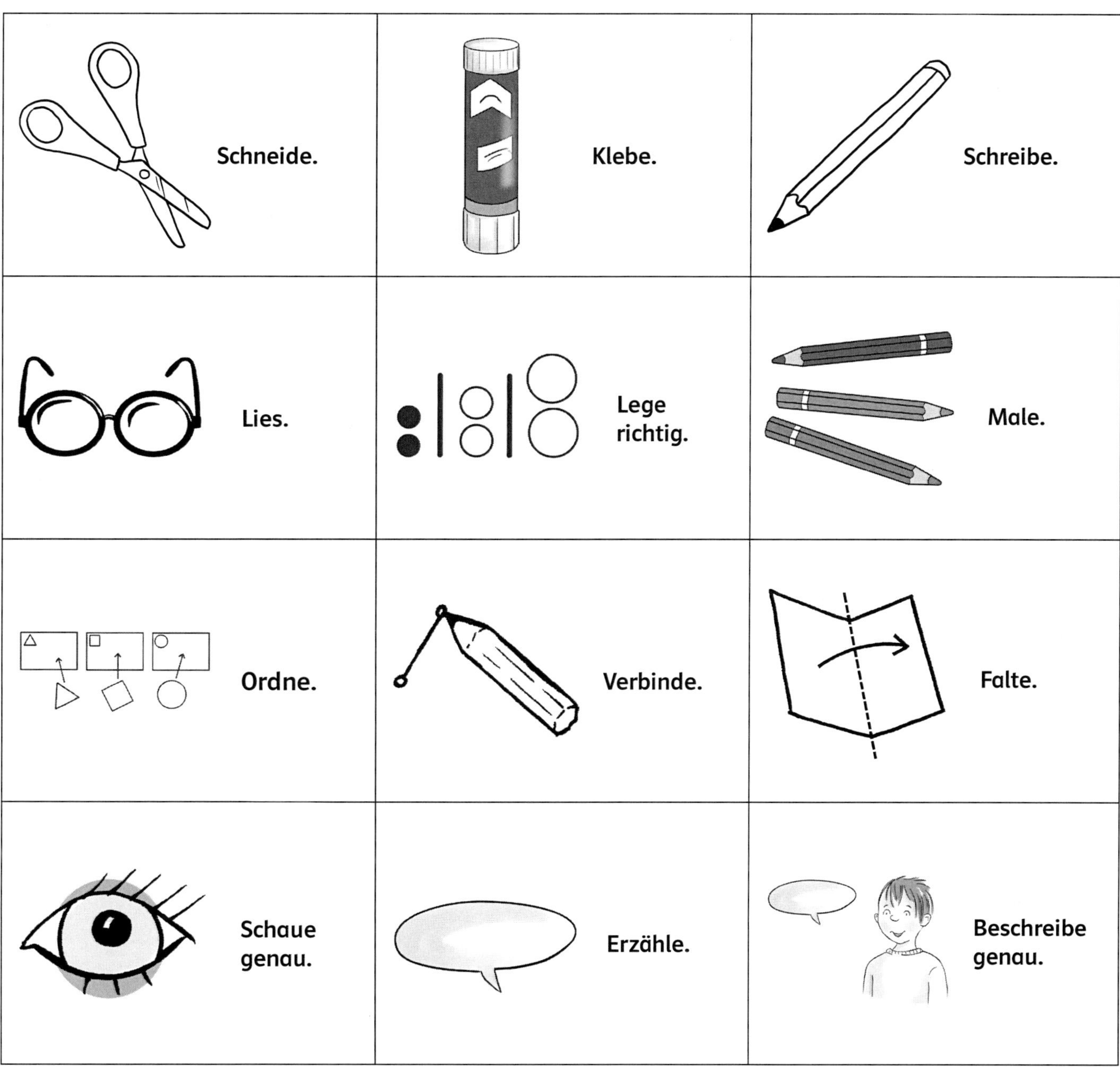

Symbolkarten „Sozialformen und Unterrichtsmethoden“

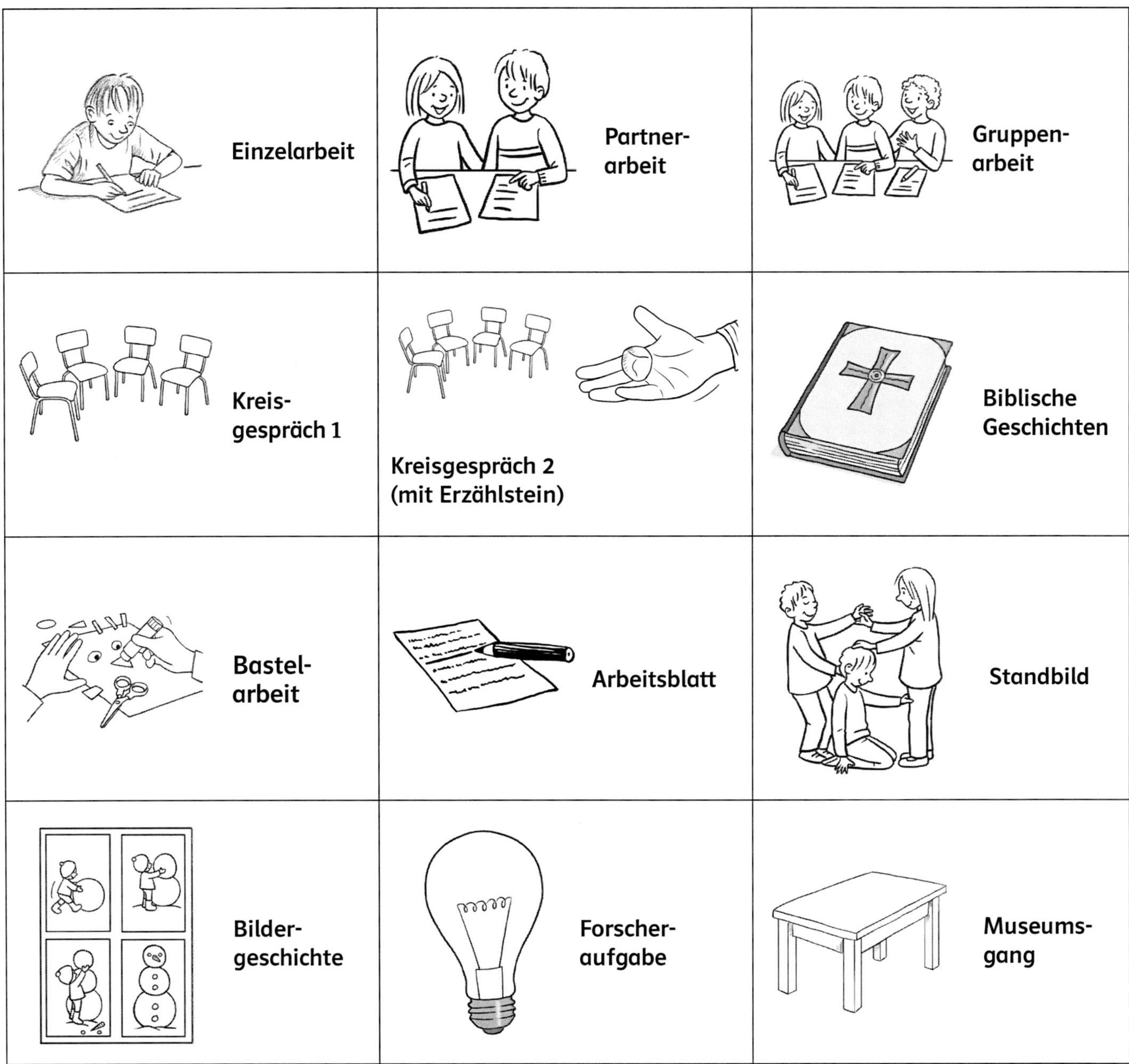

Gottes Liebe ist so wunderbar

© Text: traditionell, Melodie: traditionell

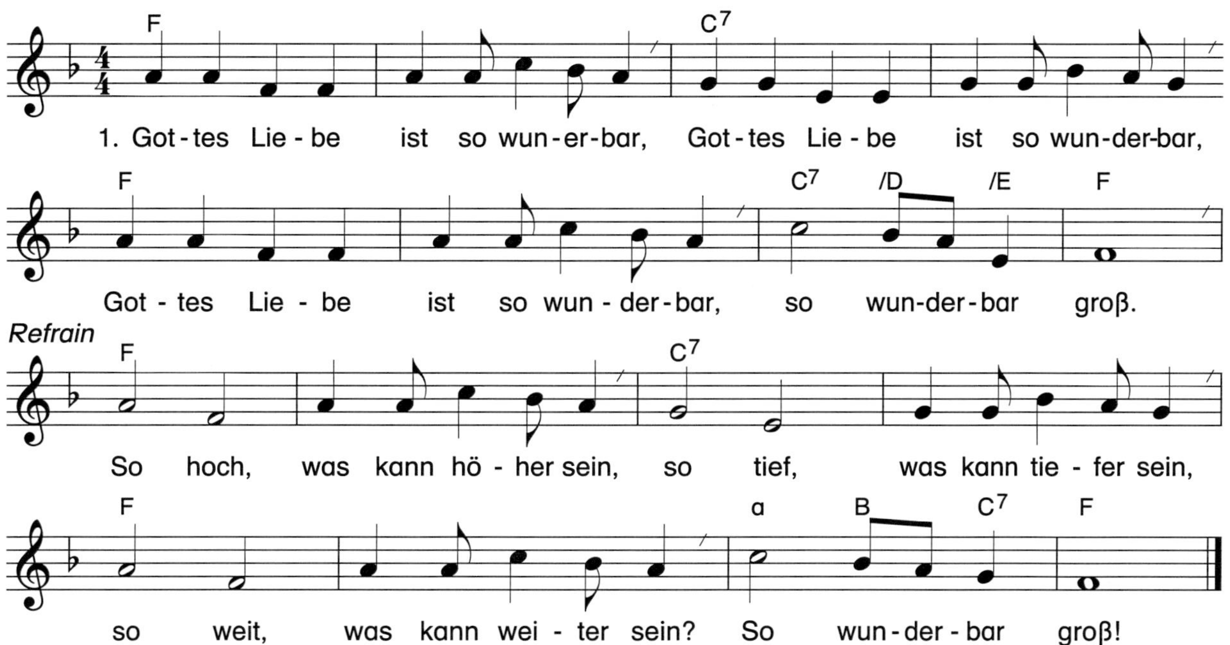

Refrain:
So hoch, was kann höher sein?
So tief, was kann tiefer sein?
So weit, was kann weiter sein?
So wunderbar groß.

Strophe 2:
Gottes Güte ist so wunderbar …

Strophe 3:
Gottes Gnade ist so wunderbar …

Strophe 4:
Gottes Treue ist so wunderbar …

Strophe 5:
Gottes Hilfe ist so wunderbar …

Schülerinnen und Schüler haben zum Schuleintritt bereits eine genaue Vorstellung davon, was sie im Deutsch- und Mathematikunterricht lernen werden. Das Wissen darüber, was im Religionsunterricht vermittelt wird, ist abhängig von den religiösen Vorerfahrungen der Kinder. Die Frage „Was lernen wir im Religionsunterricht?“ ist daher eine gute Fragestellung, um in den Unterricht einzusteigen. Es ermöglicht den Schülerinnen und Schülern mit Vorerfahrungen, ihr Wissen einzubringen, und gibt den anderen Kindern eine Vorstellung darüber, welche Inhalte sie im Fach Religion erwarten.

Material:
- Tuch
- Bildkarten oder Gegenstände zu Themen des Religionsunterrichts: z. B. Kirche, Fisch, Kreuz, Bibel, Kerze, Noten, Regenbogen, Arche, Globus, Tiere, Pflanzen … (s. Abbildung)
- eine kleine Schachtel, in der sich ein Spiegel befindet
- Arbeitsblatt „Religion“

Unterrichtsverlauf:
Die Unterrichtsstunde beginnt ritualisiert im Sitzkreis (s. „Rituale im Anfangsunterricht“).
Anschließend stellt die Lehrkraft die Frage, was im Religionsunterricht gelernt wird. Die Schülerinnen und Schüler äußern ihre Vermutungen.
Die Lehrkraft hält ein Körbchen mit Gegenständen bereit, welche zu Themen des Religionsunterrichtes passen (s. Materialliste). Stehen keine Gegenstände zur Verfügung, wird mit Bildkärtchen gearbeitet.
Je nach Äußerungen der Kinder können vorhandene Gegenstände in die Kreismitte gelegt werden. Sollten die Schülerinnen und Schüler wenig Vorwissen einbringen, kann die Lehrkraft einzelne Gegenstände/Bildkarten zeigen und gezielt fragen, was der jeweilige Gegenstand mit dem Fach Religion zu tun haben könnte.
Im Anschluss an die Gesprächsrunde gibt die Lehrkraft ein Kästchen mit der Information herum, dass Religionsunterricht auch mit dem zu tun hat, was die Kinder im Inneren der Kiste vorfinden. Dieses beinhaltet einen Spiegel, sodass die Kinder erkennen: Religion hat etwas mit mir zu tun.
Am Ende dieser Phase wird das Spiegelkästchen ins Bodenbild integriert und als Überschrift eine Karte mit dem Wort „Religion“ zu den Gegenständen in die Kreismitte gelegt.

Die Kinder gehen anschließend auf ihre Plätze und malen ein Deckblatt für ihre Religionsmappe. Dazu gestalten sie das Wort Religion (s. Arbeitsblatt „Religion“). Das zuvor entstandene Bodenbild können die Kinder künstlerisch in das Deckblatt integrieren.
Abschließend präsentieren die Schülerinnen und Schüler ihre Bilder im Sitzkreis oder an der Tafel. Sie beschreiben, was sie gemalt haben und reflektieren, was das Gemalte mit dem Fach Religion zu tun hat.

Religion

1. Stunde: Ich bin ich

Material:
- Arbeitsblatt „Das bin ich“
- evtl. Deckmalfarben oder Wachsmalstifte

Unterrichtsverlauf:
Die Unterrichtsstunde beginnt ritualisiert im Sitzkreis (s. „Rituale im Anfangsunterricht“).
Die Schülerinnen und Schüler erzählen anschließend der Sitznachbarin / dem Sitznachbarn etwas über sich selbst. Es ist hilfreich, den Kindern Stichpunkte zu nennen, um die Erzählung zu strukturieren. Hier reichen drei bis vier Aspekte zur eigenen Person, wie z. B. das Hobby, die Geschwister, das Lieblingsessen oder das Lieblingstier. Die Partnerkinder stellen sich anschließend gegenseitig vor.
Nun können weitere Kennenlernspiele wie „Mein rechter, rechter Platz ist frei“ oder „Ich packe meinen Koffer“ – mit den Namen der Kinder – folgen.
Die Kinder erhalten im Anschluss an die Vorstellungs- und Spielerunde ein Arbeitsblatt (s. Arbeitsblatt „Das bin ich“) und malen sich selbst in den Spiegel.
Anschließend werden die Spiegel ausgeschnitten und anonym in den Stuhlkreis gelegt. Die anderen Schülerinnen und Schüler versuchen nun herauszufinden, um welches Kind es sich auf den jeweiligen Bildern handelt.

2. Stunde: Steckbrief

Material:
- Arbeitsblatt „Steckbrief“
- DIN-A3-Bogen Tonkarton für jedes Kind
- Vorlage „Puzzleteile“, mehrfach kopiert und ausgeschnitten
- Lied „Lasst uns miteinander“

Unterrichtsverlauf:
Die Unterrichtsstunde beginnt ritualisiert im Sitzkreis (s. „Rituale im Anfangsunterricht“).
Anschließend stellen sich die Schülerinnen und Schüler selbst den anderen Kindern vor. Dazu nennt die Lehrkraft der Klasse Stichpunkte, die die Vorstellungsrunde strukturiert (z. B. „Mein Lieblingsessen“). Die Kinder erzählen unter anderem, welche Farbe ihre Augen haben, wie sie am liebsten ihre Freizeit gestalten und welches ihr Lieblingstier ist.
Anschließend bearbeiten die Kinder auf ihrem Platz in Einzelarbeit das Arbeitsblatt „Steckbrief“. Die Karten des Arbeitsblattes werden ausgeschnitten und zusammen mit dem Spiegel aus der vorherigen Stunde auf einem Bogen Tonkarton zu einem Plakat zusammengeklebt.
Die Puzzleteile (s. Vorlage „Puzzleteile“), die von der Lehrkraft zuvor mehrfach kopiert und ausgeschnitten wurden, werden an die Schülerinnen und Schüler verteilt. Jedes Kind erhält ein Puzzleteil und malt sich selbst auf das Teilstück. Im Sitzkreis werden die Ergebnisse präsentiert und das Puzzle anschließend gemeinsam zusammengesetzt. Beim Puzzeln erkennen die Kinder, dass jedes Puzzleteil wichtig ist, keines darf fehlen. In einem gemeinsamen Gespräch wird festgehalten: Jede Schülerin / Jeder Schüler ist wichtig, ansonsten ist das Puzzle unvollständig.
Bei Bedarf können die fertigen und bemalten Puzzleteile farbig kopiert und an die Kinder verteilt werden, um daraus ein Klassenleporello zu gestalten.
Zum Abschluss der Unterrichtsstunde eignet sich das Singen des Liedes „Lasst uns miteinander“.

Lasst uns miteinander

Text und Melodie: traditionell

Strophe 1:
Lasst uns miteinander,
lasst uns miteinander,
singen, loben, danken dem Herrn.
Lasst uns dies gemeinsam tun,
singen, loben, danken dem Herrn!
Singen, loben, danken dem Herrn,
singen, loben, danken dem Herrn.
Singen, loben, danken dem Herrn,
singen, loben, danken dem Herrn.

 Male dich.

 Schneide den Spiegel aus.

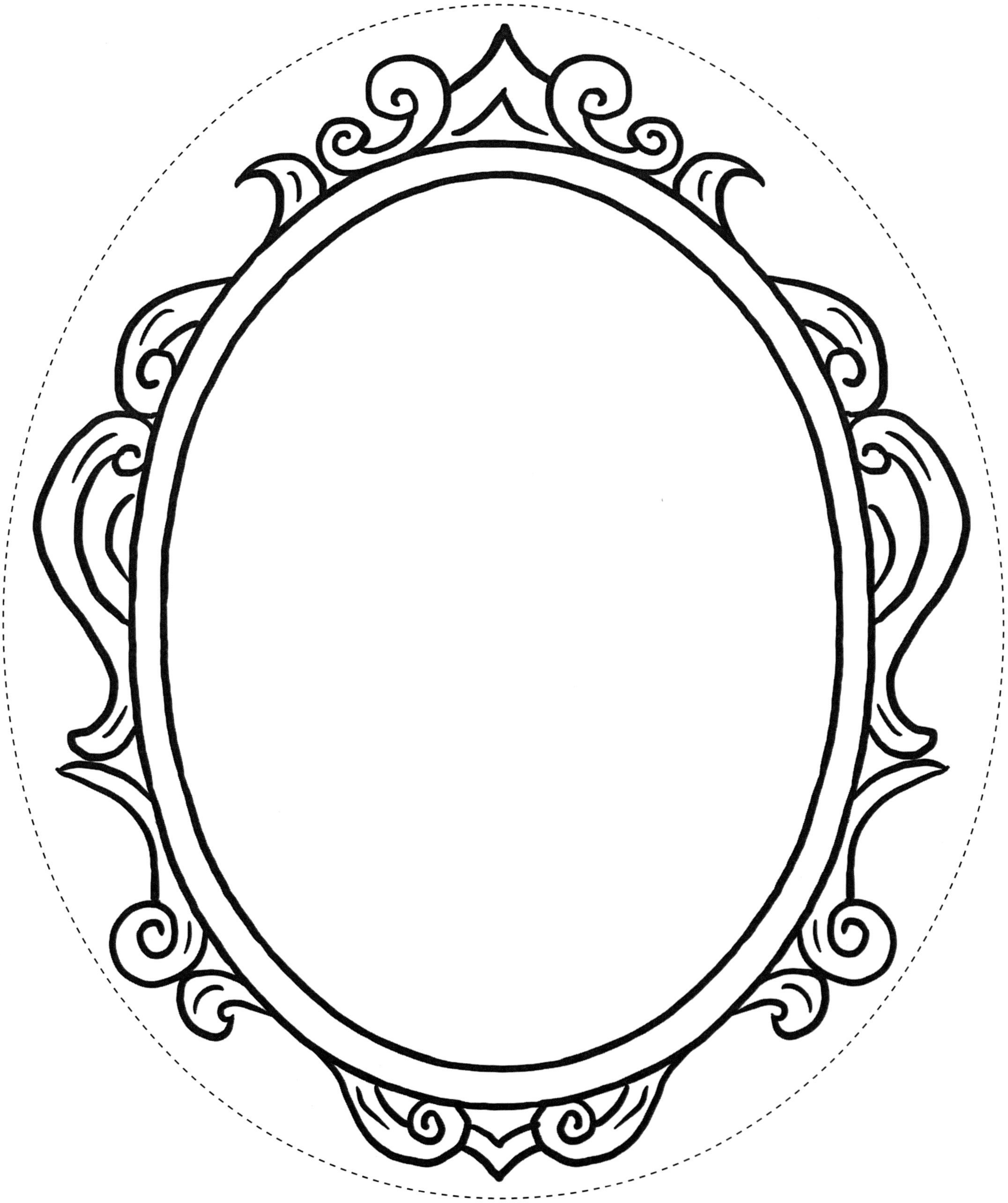

Fülle den Steckbrief aus.

 Schreibe oder male.

 Schneide aus.

Mein Name:

Mein Geburtstag ist am:

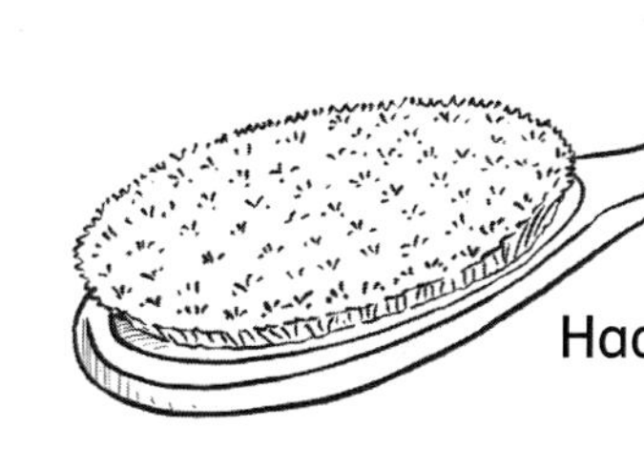

Meine Haarfarbe:

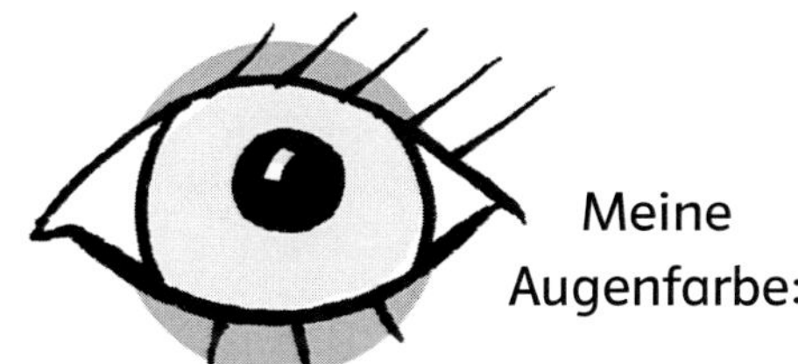

Meine Augenfarbe:

Mein Lieblingstier:

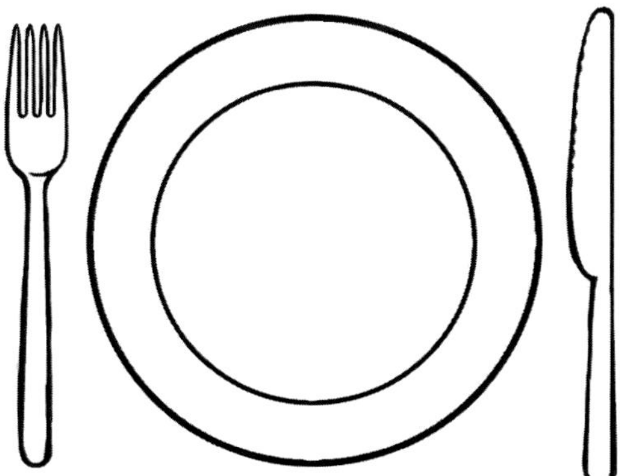

Mein Lieblingsessen:

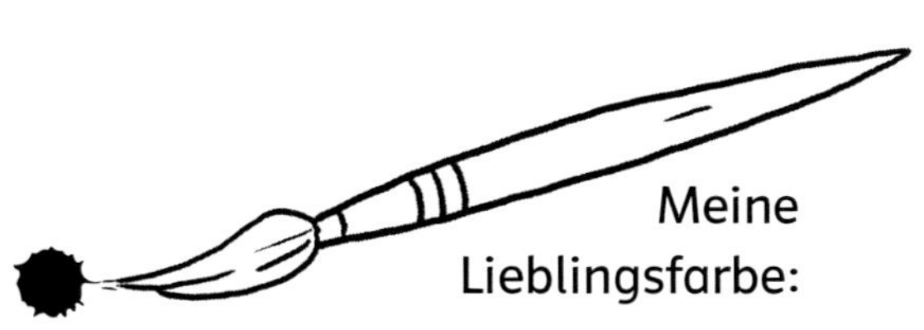

Meine Lieblingsfarbe:

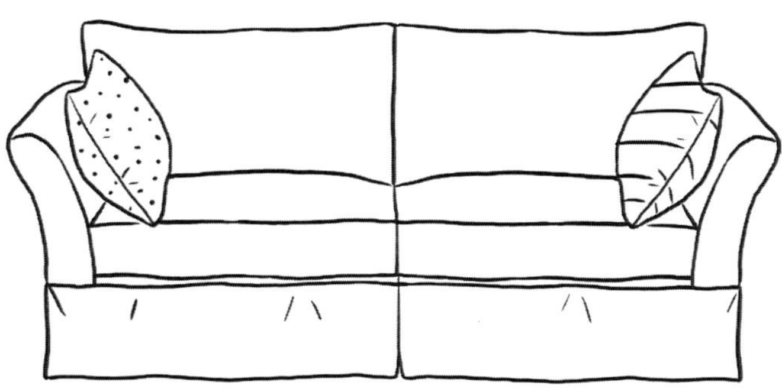

Das ist meine Familie:

Vorlage „Puzzleteile“

1. Stunde: Wintervorräte

Material:
- Geschichte „Wintervorräte", Teil 1
- ggf. Kuscheltiere oder Bildkarten von Igel und Eichhörnchen
- Arbeitsblatt „Bildergeschichte 1"

Stundenverlauf:
Die Unterrichtsstunde beginnt ritualisiert im Sitzkreis (s. „Rituale im Anfangsunterricht").
Anschließend liest die Lehrkraft den ersten Teil der Geschichte „Wintervorräte" vor.

Wintervorräte (Teil 1)

Es war Herbst. Die Blätter der Bäume färbten sich bereits bunt. Es gab viele herrliche Früchte. Herr Igel schnupperte!
Ganz in seiner Nähe musste ein wunderbar duftender Apfel liegen. Tatsächlich, nur wenige Igelschritte entfernt glänzte ein feiner Apfel in der Herbstsonne. Herr Igel ließ sich den Apfel schmecken. Während er seinen Fund verspeiste, entdeckte er ein kleines Eichhörnchen. Hektisch flitzte es von Ast zu Ast. Herr Igel hielt inne und beobachtete das flinke Kerlchen.
Blitzschnell sammelte das Eichhörnchen Nüsse, Bucheckern und Beeren, suchte sich ein Plätzchen auf dem Boden, versteckte seine Beute in der Erde und hielt einen Moment inne. Herr Igel hatte richtig Mühe, das Eichhörnchen im Blick zu behalten. Schon war es wieder unterwegs. Sprang flink von Ast zu Ast, suchte, sammelte, verstaute und verweilte kurz vor seiner neu angelegten Vorratskammer.
Herr Igel wunderte sich über die Emsigkeit des Eichhörnchens. „Hey, Frau Eichhorn", rief Herr Igel. „Bleiben Sie doch bitte mal kurz stehen!" Frau Eichhorn nahm keine Notiz von dem Igel. Schon sprang das Eichhörnchen wieder von Ast zu Ast und überbrückte weite Strecken, sogar mit einem Sprung. Herr Igel hielt die Luft an. Es sah fast so aus, als könnte das Eichhörnchen fliegen.
Erst als es ein weiteres Loch für die neu gesammelten Vorräte buddelte, ergriff Herr Igel noch einmal die Chance. „Halt, stopp!", rief er. „Nun bleiben Sie doch bitte mal eine Sekunde stehen." Frau Eichhorn drehte sich um. „Hat mich jemand gerufen?" Suchend sah sie sich um. „Ja, ich habe Sie gerufen. Was um Himmelswillen machen Sie denn hier den ganzen Tag? Ich werde allein vom Zugucken schon ganz unruhig." Das Eichhörnchen kam näher. „Ich sammle Vorräte für den Winter! Jetzt ist die beste Zeit. Ich muss mich beeilen. Je mehr Vorräte ich anlege, desto besser ausgestattet bin ich. Wenn ich im Winter Hunger bekomme, suche ich meine Vorräte und bediene mich. Legen Sie keine Vorräte für den Winter an?" Der Igel überlegte. „Doch", sagte er und klopfte auf sein Bäuchlein. „Ich lege auch Vorräte an."
Das Eichhörnchen wollte wissen, wo sich die Vorratskammern von Herrn Igel befanden. „Vielleicht können wir uns im Winter ja gegenseitig zum Essen einladen." „Oh, den Winter verschlafe ich immer. Meine Vorräte sind meine Fettpolster – hier!" Noch einmal klopfte er auf sein Bäuchlein. „Ach", sagte Frau Eichhorn und nahm wieder Anlauf, um auf die dicke Eiche vor sich zu springen.

Die Lehrkraft zeigt die Bilder der Geschichte (s. Arbeitsblatt „Bildergeschichte 1"), die Schülerinnen und Schüler äußern sich dazu und wiederholen so die Geschichte. Anschließend ordnen die Kinder die Bilder zunächst gemeinsam an der Tafel oder im Sitzkreis nach dem Verlauf der Geschichte. Anschließend erhält jede Schülerin / jeder Schüler ein eigenes Arbeitsblatt (s. Arbeitsblatt „Bildergeschichte 1") und klebt die Bilder der Reihenfolge entsprechend zu einem kleinen Faltbuch zusammen.

2. Stunde: Unsere Vorratskammer

Material:
- Arbeitsblatt „Bildergeschichte 2"
- ggf. Vorräte eines Eichhörnchens, z. B. Nüsse und Eicheln
- Vorräte von Menschen, z. B. ein Glas Marmelade, Apfelmus, Nudeln oder Reis
- Arbeitsblatt „Unsere Vorratskammer"

Unterrichtsverlauf:
Die Unterrichtsstunde beginnt ritualisiert im Sitzkreis (s. „Rituale im Anfangsunterricht").
Die Lehrkraft legt anschließend die Bilder zur Geschichte aus der ersten Unterrichtsstunde in die Kreismitte. Die Schülerinnen und Schüler erzählen, was sie in der letzten Stunde über die beiden Tiere erfahren haben. Unterstützend können mitgebrachte Nüsse und Eicheln zu den Tieren gelegt werden.
Als Nächstes legt die Lehrkraft mitgebrachte Vorräte (z. B. ein Marmeladenglas) in die Mitte und erkundigt sich, ob Igel und Eichhörnchen auch diese Art von Vorräten sammeln. Die Kinder erkennen, dass es sich um menschliche Vorräte handelt, und tragen Lebensmittel zusammen, die als Vorräte zur Verfügung stehen. Anschießend befüllen die Kinder das Regal der Vorratskammer (s. Arbeitsblatt „Unsere Vorratskammer"). Die Ergebnisse können in einem Museumsgang oder im Abschlusskreis betrachtet werden.

3. Stunde: Wintervorräte 2

Material:
- Geschichte „Wintervorräte“, Teil 2
- Arbeitsblatt „Bildergeschichte 2“

Unterrichtsverlauf:
Die Unterrichtsstunde beginnt ritualisiert im Sitzkreis (s. „Rituale im Anfangsunterricht“).
Die Schülerinnen und Schüler wiederholen im Sitzkreis anhand des Arbeitsblattes „Unsere Vorratskammer“ das Gelernte der letzten Stunde. Die Lehrkraft legt den Igel und das Eichhörnchen noch einmal als Kuscheltiere oder Bilder in die Kreismitte. Anschließend wird der zweite Teil der Geschichte vorgelesen.

Wintervorräte (Teil 2)

Doch Herr Igel war mit dem Gespräch noch nicht am Ende. „Halt, bitte bleiben Sie noch kurz.“ Er hatte noch eine letzte Frage an Frau Eichhorn. „Ich beobachte Sie schon eine ganze Weile. Eins ist mir allerdings noch immer nicht klar. Warum bleiben Sie vor jedem Vorrat kurz stehen und sind eine Weile ganz still, obwohl Sie ansonsten so eilig unterwegs sind?“ Das Eichhörnchen antwortete: „Ich danke Gott für die vielen feinen Nüsse und Früchte, die er mir gegeben hat. So weiß ich, dass ich ohne zu hungern, durch den Winter kommen kann. Ist das nicht wunderbar?“ „Ja, das ist wirklich wunderbar! Dann sehen wir uns im Frühling wieder, einverstanden?“ „Einverstanden!“, sagte das Eichhörnchen. Winkend verabschiedeten sich die beiden voneinander. Als der Igel seine Laubhütte für den Winter bezog und sich gemütlich einrollte, um in seinen Winterschlaf zu gehen, streichelte er sich noch einmal über sein dickes Bäuchlein. „Danke für meine Vorräte, lieber Gott“, sagte er leise. Dann schlief er ein. Er träumte vom Vorrätesammeln. Im Traum sah er Äpfel, Nüsse, Beeren …

Die Kinder äußern sich zu dem Gehörten und wiederholen die Geschichte. Anschließend erhalten sie das Arbeitsblatt „Bildergeschichte 2“, kleben die letzten Bilder zu einem Leporello zusammen und beschriften die Traumblase des Igels. Im Anschluss an die Arbeitsphase kommen die Kinder in den Sitzkreis und präsentieren ihre Ergebnisse.

4. Stunde: Wir danken für unsere Ernte

Material:
- Bildkarte „Erntedankaltar“
- Arbeitsblatt „Dafür bin ich dankbar“

Unterrichtsverlauf:
Die Unterrichtsstunde beginnt ritualisiert im Sitzkreis (s. „Rituale im Anfangsunterricht“).
Anschließend legt die Lehrkraft die Bildkarte „Erntedankaltar“ in die Kreismitte. Die Kinder äußern sich zum Bild. Die Lehrkraft leitet zum Erntedankfest über und erläutert den Kindern, dass Christinnen und Christen mit diesem Fest Gott für die Gaben der Ernte danken.
Die Schülerinnen und Schüler erhalten das Arbeitsblatt „Dafür bin ich dankbar“. Sie malen, basteln oder schreiben, wofür sie dankbar sind.
Alternativ können die Kinder auf einem unbeschichteten Pappteller malen oder mit Knete gestalten, wofür sie Gott dankbar sind. Diesen Pappteller können sie zu Hause bei einem gemeinsamen Familienessen auf den Tisch legen und als Gesprächsanlass nutzen oder zum Erntedankgottesdienst in die Kirche bringen.
Im Anschluss an die Arbeitsphase kommen die Kinder in den Sitzkreis und präsentieren ihre Ergebnisse. Dann kann gemeinsam das Lied „Danket, danket dem Herrn" (Text: Psalm 106,1, Melodie: mündlich überliefert) gesungen werden.

Arbeitsblatt „Bildergeschichte 1“

 Schneide aus.

 Ordne.

 Klebe richtig zusammen.

 Male an.

Klebefläche

Klebefläche

Klebefläche

Klebefläche

 Schneide aus.

 Klebe auf.

 Welche Lebensmittel befinden sich noch in einer Vorratskammer? Male.

Arbeitsblatt „Bildergeschichte 2“

 Schneide aus.

 Ordne.

 Klebe richtig zusammen.

 Male an.

Klebefläche

Klebefläche

Klebefläche

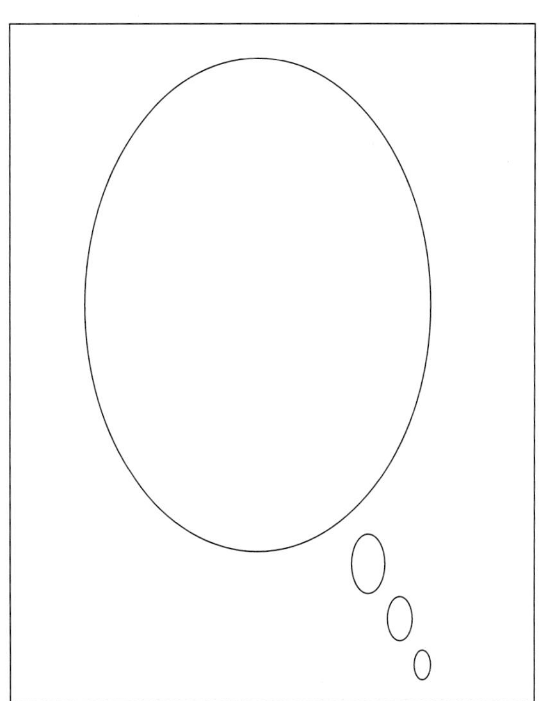

Bildkarte „Erntedankaltar“

Arbeitsblatt „Dafür bin ich dankbar“

 Wofür bist du dankbar? Male.

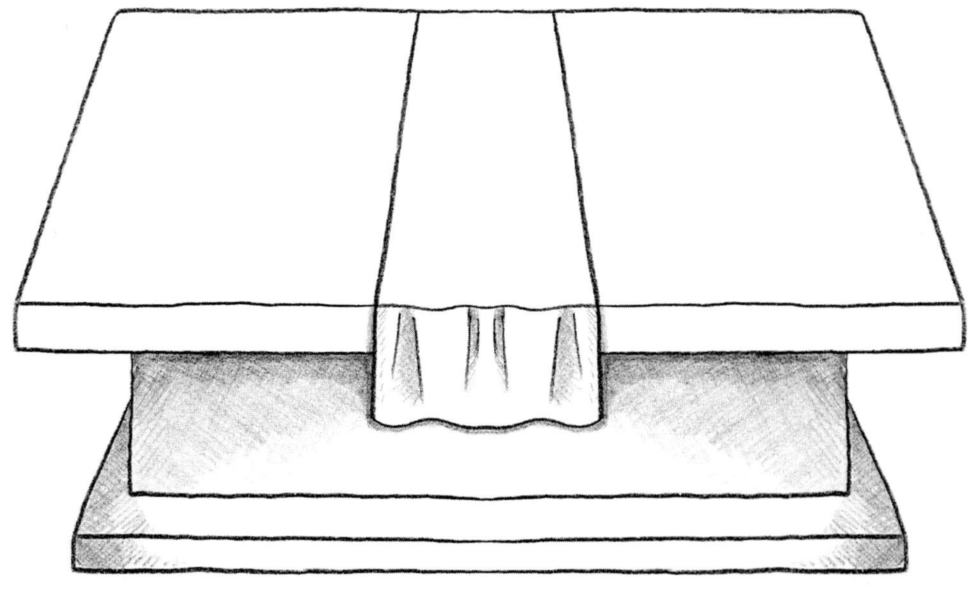

1. Stunde: Stadt zur Zeit Jesu

Material:
- Bildkarte „Palästina“
- Arbeitsblatt „Eine Stadt zur Zeit Jesu“

Unterrichtsverlauf:
Die Unterrichtsstunde beginnt ritualisiert im Sitzkreis (s. „Rituale im Anfangsunterricht“).
In der Mitte des Stuhlkreises liegt die Bildkarte von Palästina.
Die Lehrkraft gibt den Schülerinnen und Schülern den Ausblick auf die Unterrichtseinheit: Leben zur Zeit Jesu. Die Kinder schauen sich die Karte von Palästina an und äußern ihre Eindrücke. Anschließend erhalten die Schülerinnen und Schüler das Arbeitsblatt „Eine Stadt zur Zeit Jesu“ und ordnen Gegenstände aus der damaligen Zeit dem Bild zu.
Die Ergebnisse werden nach der Arbeitsphase im Sitzkreis präsentiert. Die Kinder erklären anhand ihrer Ergebnisse, wie sich die Häuser und Städte aus der damaligen Zeit von den heutigen Orten unterscheiden.

2. Stunde: Häuser und Städte zur Zeit Jesu

Material:
- Salzteig oder Ton

Unterrichtsverlauf:
Die Unterrichtsstunde beginnt ritualisiert im Sitzkreis (s. „Rituale im Anfangsunterricht“).
Die Schülerinnen und Schüler wiederholen ihr Wissen der letzten Stunde und erklären, wie die Häuser zur Zeit Jesu aussahen. Anschließend verteilt die Lehrkraft die Materialien zum Bauen eines eigenen Hauses und die Kinder fertigen auf ihrem Platz ein kleines Häuschen aus Ton oder Salzteig an.
Die Schülerinnen und Schüler präsentieren ihre Ergebnisse im Sitzkreis, indem sie ihre Häuser gemeinsam zu einer Stadt zusammenfügen (dies kann beispielsweise auf einem großen Tonkartonuntergrund geschehen).
Schnell arbeitende Schülerinnen und Schüler können ergänzend eine Stadtmauer, einen Brunnen, Palmen oder weitere Gegenstände für das Gemeinschaftsprojekt „Stadt“ anfertigen.

3. Stunde: Wohnen zur Zeit Jesu

Material:
- Geschichte „Ein Morgen in Palästina“
- Arbeitsblatt „Wohnen zur Zeit Jesu“

Unterrichtsverlauf:
Die Unterrichtsstunde beginnt ritualisiert im Sitzkreis (s. „Rituale im Anfangsunterricht“).
Im Anschluss liest die Lehrkraft die Geschichte vor.

Ein Morgen in Palästina

Ich heiße Benjamin und wohne in Palästina. Heute bin ich ganz früh aufgewacht. Unsere Ziege hat mich geweckt, weil sie Hunger hatte. Da unser Haus aus nur einem einzigen Raum besteht, schlafen oft auch unsere Tiere dicht neben uns. Ich strecke mich noch ein klein wenig auf meiner Schlafmatte, aber meine Ziege lässt mich einfach nicht in Ruhe. Sie zerrt an meinem Umhang und schafft es, dass ich aufstehe. Ich rolle meine Matte zusammen und lehne sie in der Ecke an die Wand. Als Erstes gebe ich meiner Ziege frisches Heu. Endlich ist sie zufrieden. Meine Eltern sind schon lange auf dem Markt. Sie verkaufen unsere getöpferten Waren, denn meine Eltern sind Töpfer. Mein großer Bruder hilft ihnen dabei. Auch ich werde später zu ihnen auf den Markt gehen, um ihnen zu helfen. Zuerst will ich aber etwas essen und meine Arbeiten erledigen. Dafür muss ich die Öllampe anzünden, da es sehr dunkel ist in unserem Haus. Ich nehme mir ein Fladenbrot aus dem Sack, der an der Wand hängt. Dann schenke ich mir etwas Ziegenmilch aus dem Tonkrug in meine Tontasse. Ich setze mich auf einen Teppich auf dem Fußboden und genieße mein Frühstück. Dabei denke ich mir, dass unser Haus doch eigentlich ganz praktisch ist. Es sieht aus wie ein Würfel und hat kaum Fenster, da es innen nicht zu warm werden soll. Die Fenster sind von innen mit Stoffvorhängen bedeckt. Unser Haus wurde aus Lehm gemacht und hat ein flaches Dach aus Balken, Ästen und Palmenblättern. Man kann über eine Treppe auf das Dach gehen. Es ist wie ein Balkon. Meine Mutter hängt auf unserem Dach immer die Wäsche auf. Auch Brote hängen wir zum Trocknen an unsere Wäscheleine.
Ich freue mich schon auf heute Abend. Da setzen wir uns wieder alle gemeinsam auf unser Dach und erzählen uns Geschichten. Zur Zeit gibt es erstaunliche Berichte. Sie handeln von einem Mann, der Kranke heilen kann. Ich bin gespannt, was mein Vater uns heute Abend wohl wieder von diesem besonderen Mann erzählen wird.

Anschließend fassen die Schülerinnen und Schüler das Gehörte zusammen. Die Kinder erhalten das Arbeitsblatt „Wohnen zur Zeit Jesu“ und bearbeiten dieses in Einzelarbeit auf ihrem Platz.
Im Anschluss an die Arbeitsphase werden die Ergebnisse im Sitzkreis präsentiert. Gemeinsam wird besprochen, welche Gegenstände nicht in das Haus zur Zeit Jesu passen.

4. Stunde: Menschen zur Zeit Jesu

Material:
- Arbeitsblatt „Berufe zur Zeit Jesu“
- verschiedene Gegenstände oder Bildkarten von Gegenständen, die die Berufe repräsentieren: z. B. ein kleines Netz, ein Tonkrug, ein Geldstück, eine Schriftrolle, Wolle
- Lied „Hewenu Shalom alechem“

Unterrichtsverlauf:
Die Unterrichtsstunde beginnt ritualisiert im Sitzkreis (s. „Rituale im Anfangsunterricht“).
Die Mitte des Stuhlkreises wird mit Gegenständen bzw. Arbeitsmaterialien der damaligen Berufe gestaltet: kleines Netz, Tonkrug, Geldstücke, Schriftrolle, Wolle usw.
Die Schülerinnen und Schüler vermuten anhand der Gegenstände, welche Berufe es zur Zeit Jesu gegeben hat.
Anschließend erhalten sie das Arbeitsblatt „Berufe zur Zeit Jesu“, das sie auf ihrem Platz bearbeiten. Die Kinder verbinden den Gegenstand mit dem passenden Beruf. Leistungsstarke Schülerinnen und Schüler können die Bezeichnungen der Berufe unter den Abbildungen ergänzen. Im Anschluss an die Arbeitsphase kommen die Kinder in den Sitzkreis und präsentieren ihre Ergebnisse.
Gemeinsam wird zum Unterrichtsende das Lied „Hewenu Shalom alechem“ gesungen.

Lied

Hewenu Shalom alechem

Text und Melodie: traditionell

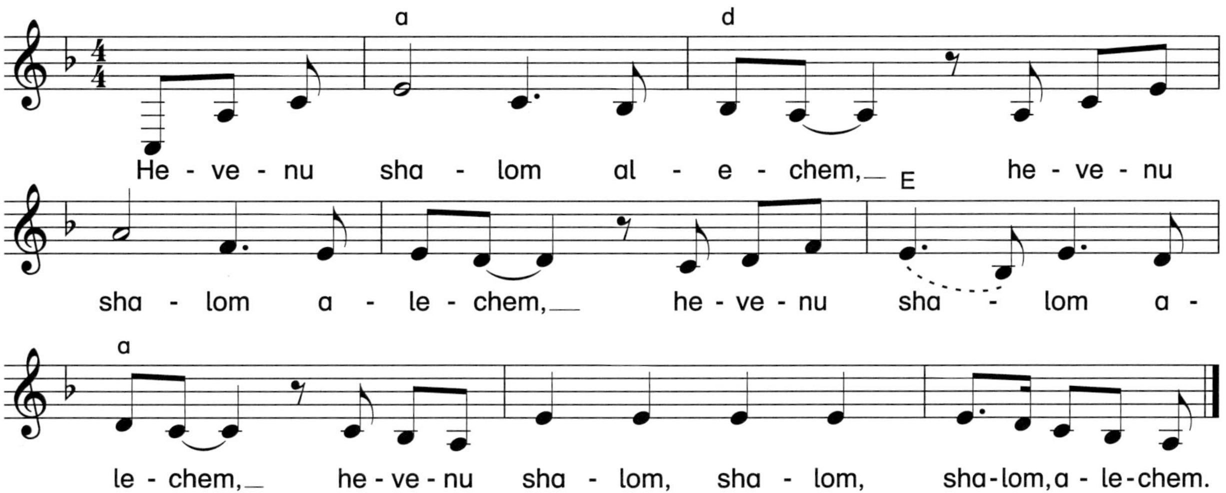

Bildkarte „Palästina“

Vor ungefähr 2000 Jahren wurde Jesus in Palästina geboren. Die Region Palästina liegt an der südöstlichen Küste am Mittelmeer. Heute befinden sich mehrere Länder auf dem Gebiet, unter anderem das Land Israel.

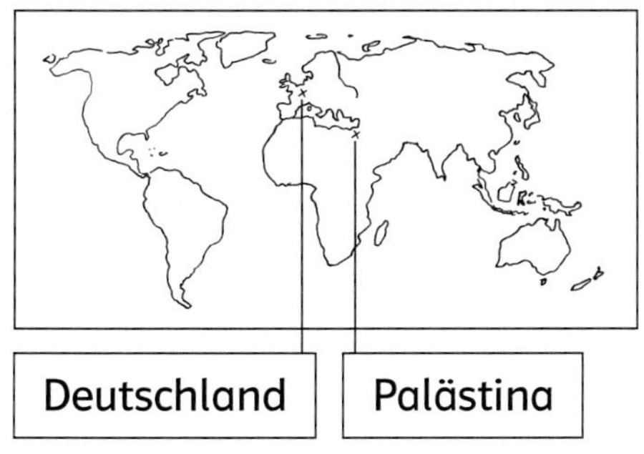

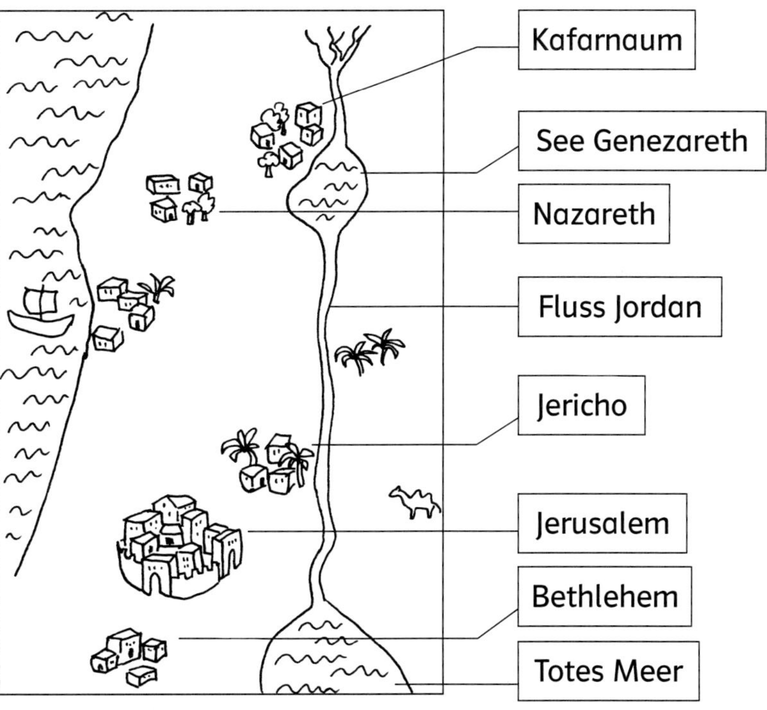

Arbeitsblatt „Eine Stadt zur Zeit Jesu“

Schaue genau.

Trage die passenden Nummern ein.

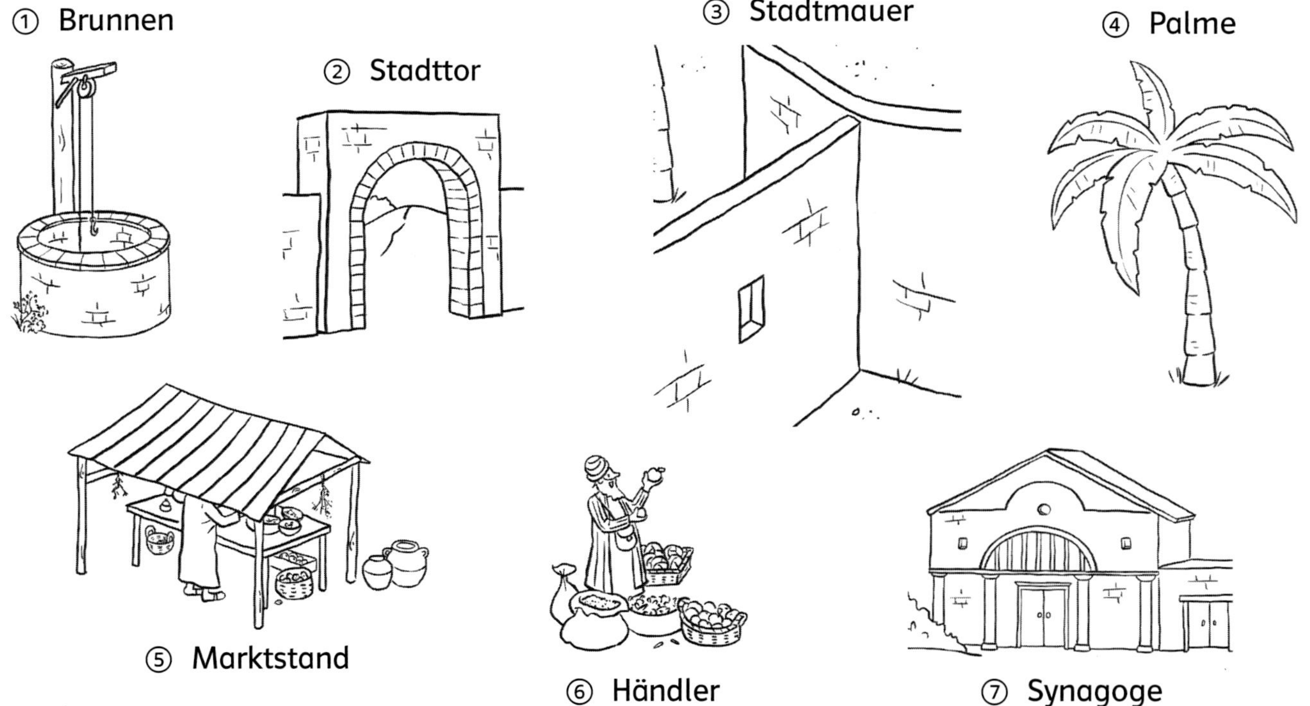

- Schaue genau. Welche Gegenstände gehören ins Haus?
- Schneide aus.
- Klebe richtig zusammen.
- Male noch weitere Gegenstände hinzu.

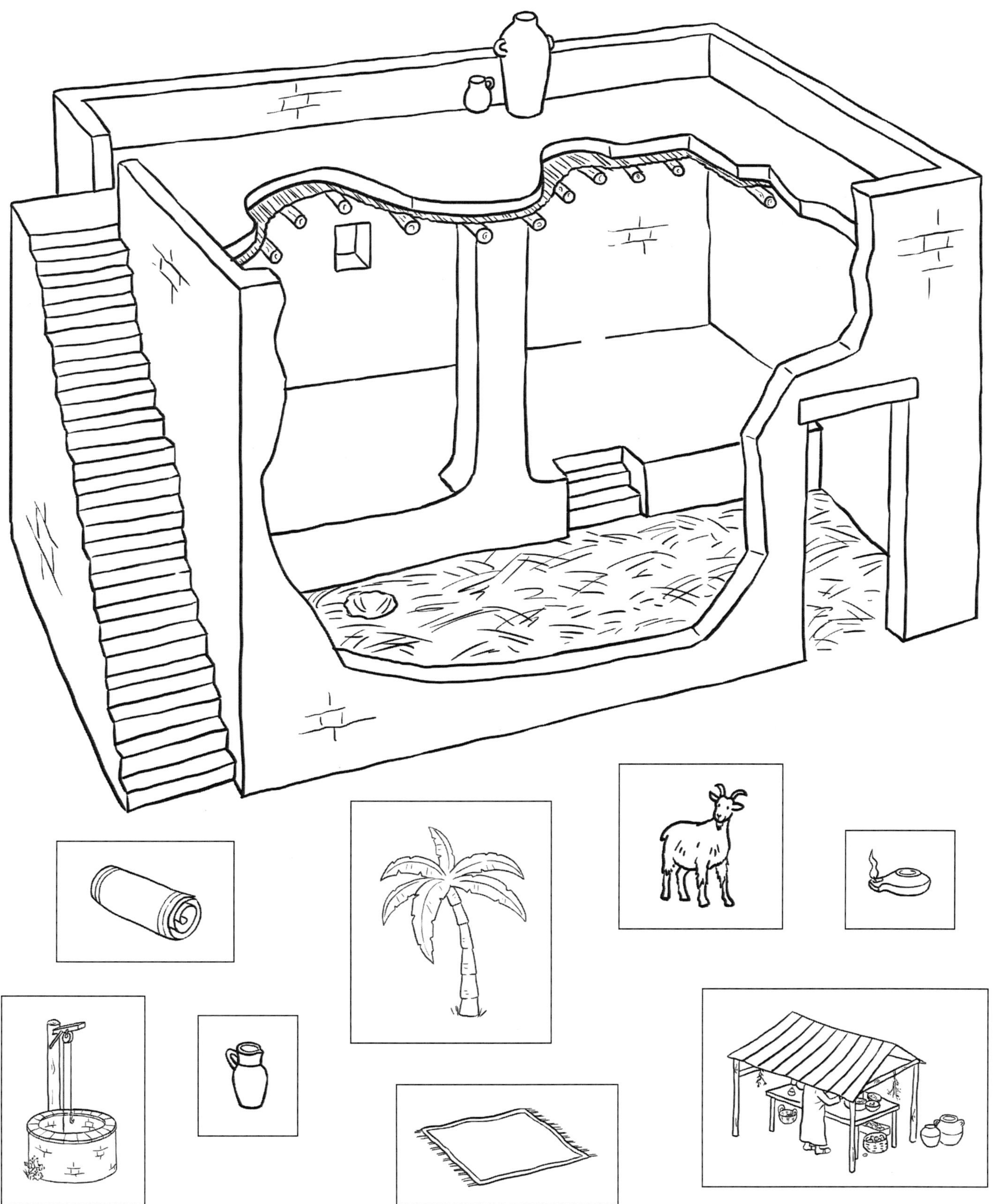

Arbeitsblatt „Berufe zur Zeit Jesu“

 Schaue dir die Bilder an.

 Verbinde.

Beschrifte die abgebildeten Berufe.
Diese Wörter helfen dir: Hirte, Töpfer, Bauer, Fischer, Zöllner, Weber, Zimmermann

 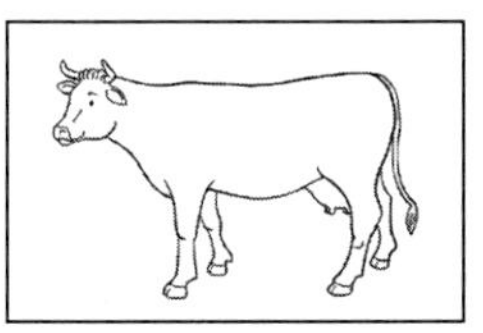

 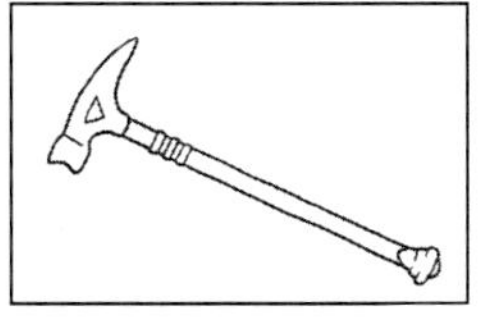

 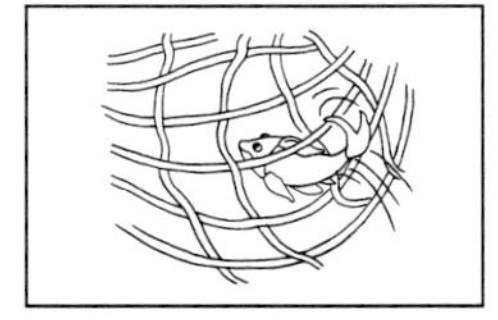

 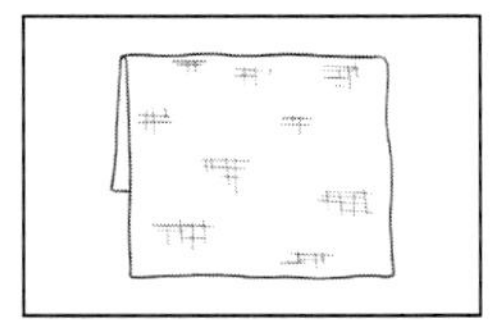

Die Adventszeit ist eine sehr besondere Zeit für Kinder und sollte sich auch in der Schule als eine solche widerspiegeln. Die gemütliche und festliche Atmosphäre kann nicht nur zu Hause, sondern auch in der Schule durch das gemeinsame Singen von Weihnachtsliedern und durch eine Kerzenbeleuchtung arrangiert werden.
Im Religionsunterricht bietet es sich an, thematisch mit der Herkunft und Bedeutung der Adventsbräuche zu beginnen.

1. Stunde: Bräuche im Advent

Material:

- Geschichte „Die Adventskiste"
- Arbeitsblatt „Bräuche in der Weihnachtszeit"
- ggf. eine Kiste mit weihnachtlichen Gegenständen, z. B. mit Schleifen, Kerzen, Tannenzweigen, Tannenbaumschmuck, Ausstechförmchen und Liederheften

Unterrichtsverlauf:
Die Unterrichtsstunde beginnt ritualisiert im Sitzkreis (s. „Rituale im Anfangsunterricht").
Anschließend liest die Lehrkraft die Geschichte vor.

Die Adventskiste

Endlich war es wieder so weit, Mama klappte die Bodentreppe hinunter und verschwand in der Luke. Ich kletterte gleich hinterher und beobachtete sie. Sie schob sich an dem alten Gartenstuhl vorbei und nahm den Schlitten beiseite. Ganz hinten stand sie, die große Adventskiste. Sie war rundherum mit weihnachtlichem Geschenkpapier beklebt. Ich hüpfte auf meinem Ausguck vorsichtig auf und ab. Mama transportiere die Kiste in meine Richtung. Jetzt fing sie wieder an, die herrliche Adventszeit, auf die ich mich jedes Jahr so sehr freute. Sobald Mama die Kiste holte, war es so weit. Ich kletterte die Leiter hinab und wartete darauf, dass Mama mir die Kiste anreichte.
In der Küche öffneten wir sie. Schon der Geruch war herrlich. Es roch ein wenig nach Pappe, ausgepusteten Kerzen und wenn man mit ganz viel Erinnerungen schnupperte, konnte man noch Tannenzweige und einen winzigen Hauch von Keksduft wahrnehmen. Mama nahm Kerzen, Schleifen, und einen Strohkranz aus der Kiste. Den wollte sie gleich mit Tannenzweigen umwickeln. Ich suchte die Sterne und Kugeln, die später den Adventskranz verschönerten.
In dieser Kiste war noch viel mehr Advent. Ich fischte Keksförmchen hervor und legte damit eine lange Reihe. Behutsam nahm ich die Pyramide aus der großen Kiste. Alle waren noch da: die Sternsinger und Engel, die Schäfchen und Hirten. Vorsichtig gab ich ihnen einen kleinen Schubs, gleich sausten sie im Kreis.
Juhu, jetzt fand ich auch die 24 rot-weiß-karierten Stoffbeutelchen von meinem Adventskalender. Was ich wohl in diesem Jahr in jedem Säckchen finden würde? Gleich am nächsten Morgen, barfuß und im Schlafanzug, würde ich das erste Tütchen öffnen.
Es lagen noch drei Rollen Geschenkpapier in der Kiste. Ich fand das Papier mit den kleinen Weihnachtsmännern am schönsten. Sie lächelten so freundlich. Ja, das Verpacken von kleinen Päckchen und Geschenken gehörte auch mit zur Adventszeit.
Ganz unten entdeckte ich das dicke Buch mit all den schönen Adventsgeschichten. Ich nahm es heraus und musste unbedingt nachsehen, ob die Wichtel noch an Ort und Stelle waren. Ganz in Erinnerungen versunken schaute ich mir die Bilder an.
Mama hatte in der Zeit schon das Liederbuch gefunden. Leise sang sie „Lasst uns froh und munter sein. Und uns recht von Herzen freun!" Ja, jetzt kam sie, diese wunderbare Zeit, auf die man sich das ganze Jahr gefreut hat. Die Adventszeit, die Wartezeit auf Weihnachten.

Die Kinder wiederholen das Gehörte und berichten, welche Rituale der Advents- und Weihnachtszeit sie von zu Hause kennen. Hierzu können unterstützend die Gegenstände zu den Bräuchen im Advent in die Mitte des Stuhlkreises gelegt werden (s. Materialliste).
Die Schülerinnen und Schüler falten anschließend ein kleines Heft (s. Arbeitsblatt „Bräuche in der Weihnachtszeit") mit adventlichen Gegenständen nach Anleitung, schneiden die passenden Wörter dazu aus und kleben sie an die richtige Stelle. Ihre fertiggestellten Hefte präsentieren die Kinder nach der Fertigstellung im Sitzkreis.
Das Singen von Liedern wie „Alle Jahre wieder" und „Ihr Kinderlein kommet" kann ein wertvolles Abschlussritual der Religionsstunden in der Vorweihnachtszeit sein.

2. Stunde: Der heilige Nikolaus

Material:

- Geschichte „Der heilige Nikolaus"
- Arbeitsblatt „Nikolaus-Leporello"
- Arbeitsblatt „Blankogutscheine"
- ggf. ein Nikolausstiefel

Unterrichtsverlauf:
Die Unterrichtsstunde beginnt ritualisiert im Sitzkreis (s. „Rituale im Anfangsunterricht").

Anschließend bringen die Schülerinnen und Schüler ihr Vorwissen über den heiligen Nikolaus ein. Als Erzählimpuls kann ein Nikolausstiefel in die Kreismitte gelegt werden. Ein Lied über den Nikolaus (z. B. „Lasst uns froh und munter sein“ von Rolf Zuckowski oder „Nikolaus, Nikolaus, Nikolaus“ von den Minimusikern) kann als Einstimmung dienen.
Nach dem Unterrichtsgespräch und dem gemeinsamen Singen liest die Lehrkraft den Kindern die Geschichte vom heiligen Nikolaus vor.

Der heilige Nikolaus

Vor sehr langer Zeit (im Jahr 270 n. Chr.) lebte in der Stadt Patras eine reiche Kaufmannsfamilie. Die Familie glaubte an Gott und sie war immer sehr freundlich und hilfsbereit. Sie hatte einen Sohn mit dem Namen Nikolaus. Der Name bedeutet so viel wie „der das Böse besiegt und Gutes tut“. Die Eltern lehrten ihren Sohn, immer Gutes zu tun und armen Menschen zu helfen, wann immer sie in Not waren. Als Nikolaus ein erwachsener Mann war, wurde er Priester. Kurze Zeit später schon starben seine Eltern und hinterließen ihm ein großes Vermögen. Nikolaus war nun ein sehr reicher Mann. Er teilte im Laufe seines Lebens seinen Reichtum mit den Armen.
Eines Abends kam Nikolaus an einem Haus vorbei. Er hörte einen armen Mann klagen. Dieser hatte drei Töchter. Da die Familie sehr arm geworden war, wollte niemand die drei mittellosen, jungen Frauen heiraten. Schließlich war die Not so groß, dass der Mann nicht mehr wusste, was die Familie am nächsten Tag essen sollte, daher blieb ihm nichts anderes übrig, als bald seine Töchter wie Bettlerinnen auf die Straße zu schicken. Ihr könnt euch sicher vorstellen, wie verzweifelt die Töchter waren.
Nikolaus hatte alles mit angehört. In der folgenden Nacht band er drei Goldklumpen in ein Tuch und warf sie der Familie heimlich durch ein Fenster ins Haus.
Am nächsten Morgen war der Vater überglücklich. Nun musste er seine Töchter nicht mehr wegschicken. Nikolaus hatte sie gerettet.

Unterstützend können Bilder (s. Arbeitsblatt „Nikolaus-Leporello“) zur Geschichte gezeigt werden. Im Anschluss bauen die Schülerinnen und Schüler in Vierergruppen zwei Standbilder zur Geschichte.

- Szene 1: Die Töchter erhalten die traurige Nachricht von ihrem Vater, dass sie betteln müssen. Auch der Vater ist traurig über die Situation, in der sich die Familie befindet.
- Szene 2: Die Familie ist fröhlich, nachdem der heilige Nikolaus ihnen das Gold gegeben und ihnen damit die Sorgen genommen hat.

Während die Gruppen ihre Standbilder im Sitzkreis präsentieren, können die anderen Kinder zum Standbild gehen und die Personen „sprechen“ lassen. Dafür treten sie zu dem Standbild, legen die Hand auf die Schulter eines Kindes und sprechen die Gefühle und Gedanken der dargestellten Figur aus.
Anschließend bearbeiten die Schülerinnen und Schüler das Arbeitsblatt „Nikolaus-Leporello“ und stellen es im Sitzkreis vor.
Zum Abschluss der Unterrichtseinheit überlegen die Kinder, wie auch sie einem anderen Menschen etwas Gutes tun können. Dazu schreiben sie kleine Taten des Dankes auf Blankokarten (s. Arbeitsblatt „Blankogutscheine), die dann verschenkt werden können. Mögliche Taten, die Kinder wählen, sind z. B. Gutscheine fürs Abwaschen, Staubsaugen, Tischdecken.

Arbeitsblatt „Bräuche in der Weihnachtszeit“

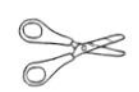 Schneide das Buch aus.

 Falte es nach Anleitung.

 Schneide die Wortkarten aus.

Klebe sie an die richtige Stelle im Heft.

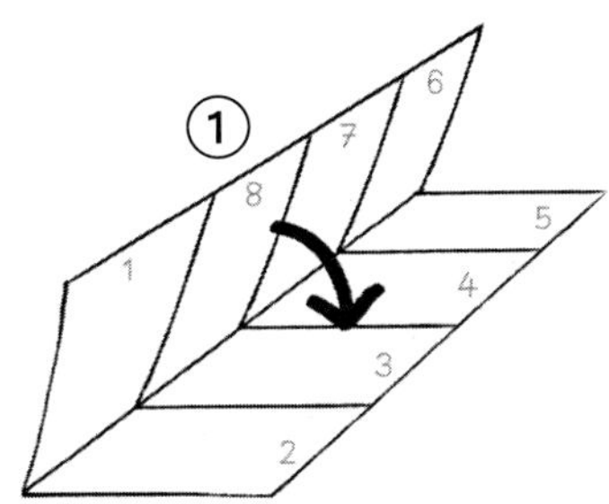

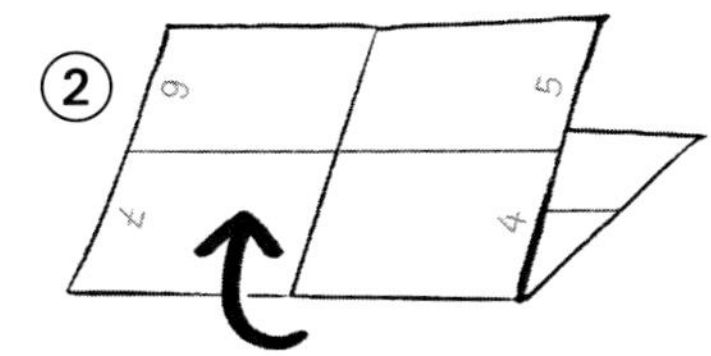

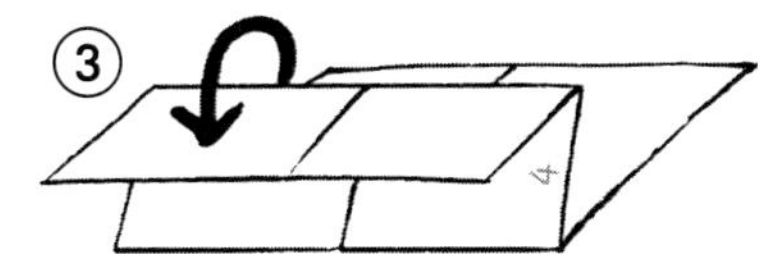

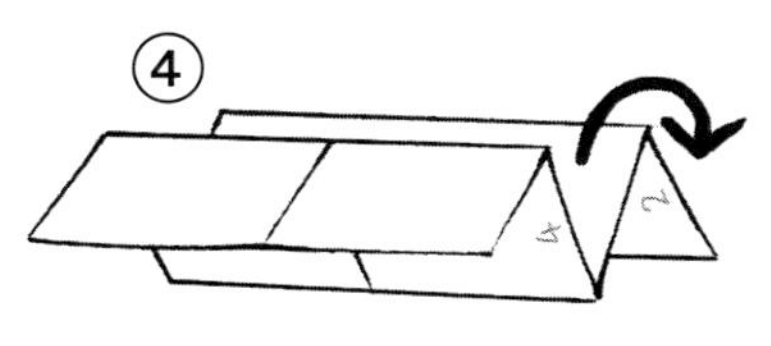

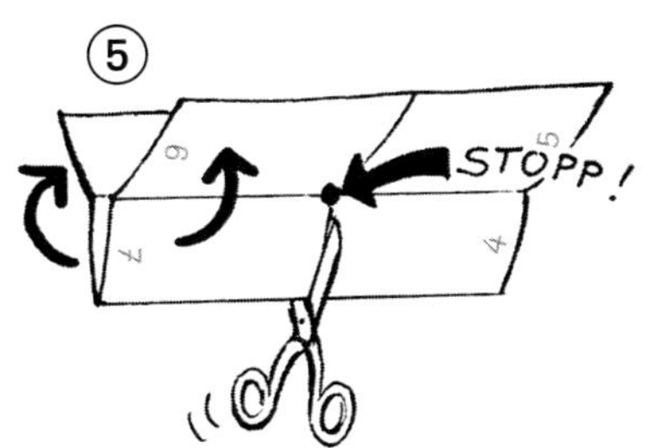

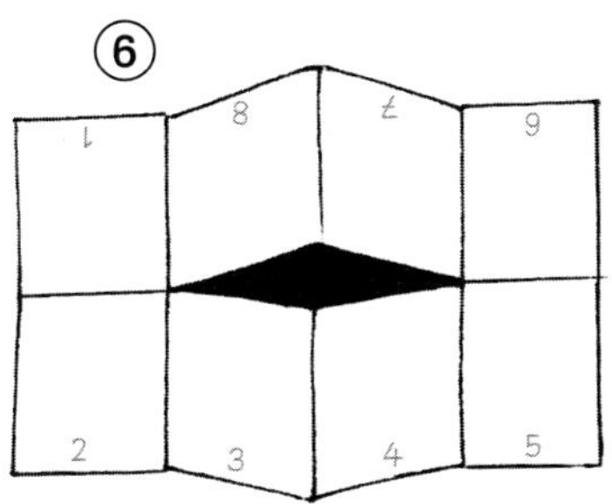

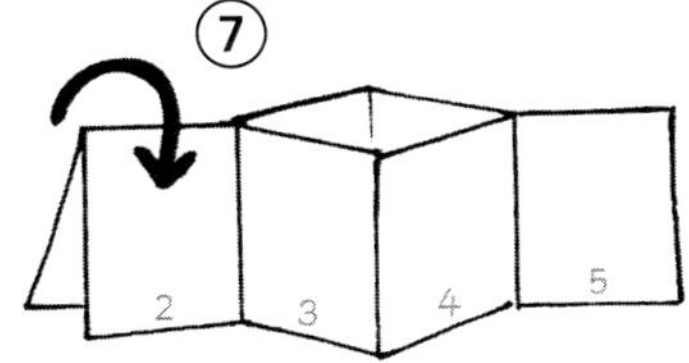

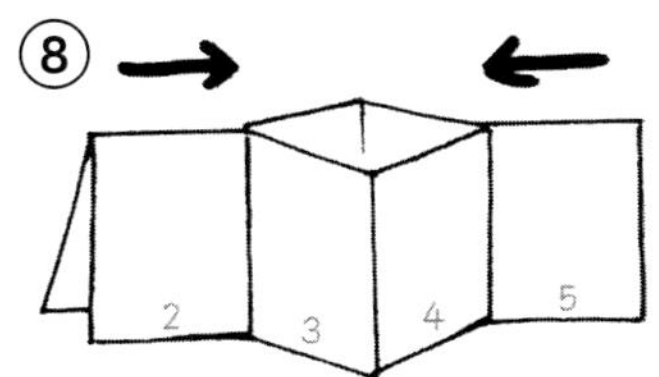

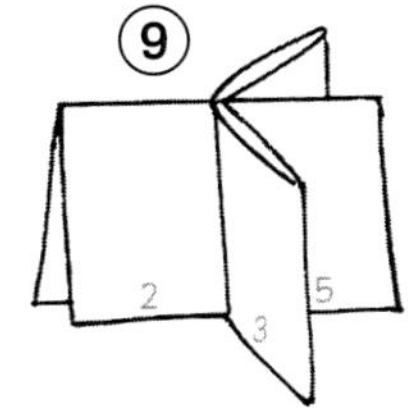

Adventskranz	Adventskalender	Kekse backen	Weihnachtsbaum
Weihnachtslieder	Kerze	Weihnachtsgottesdienst	

Arbeitsblatt „Bräuche in der Weihnachtszeit“

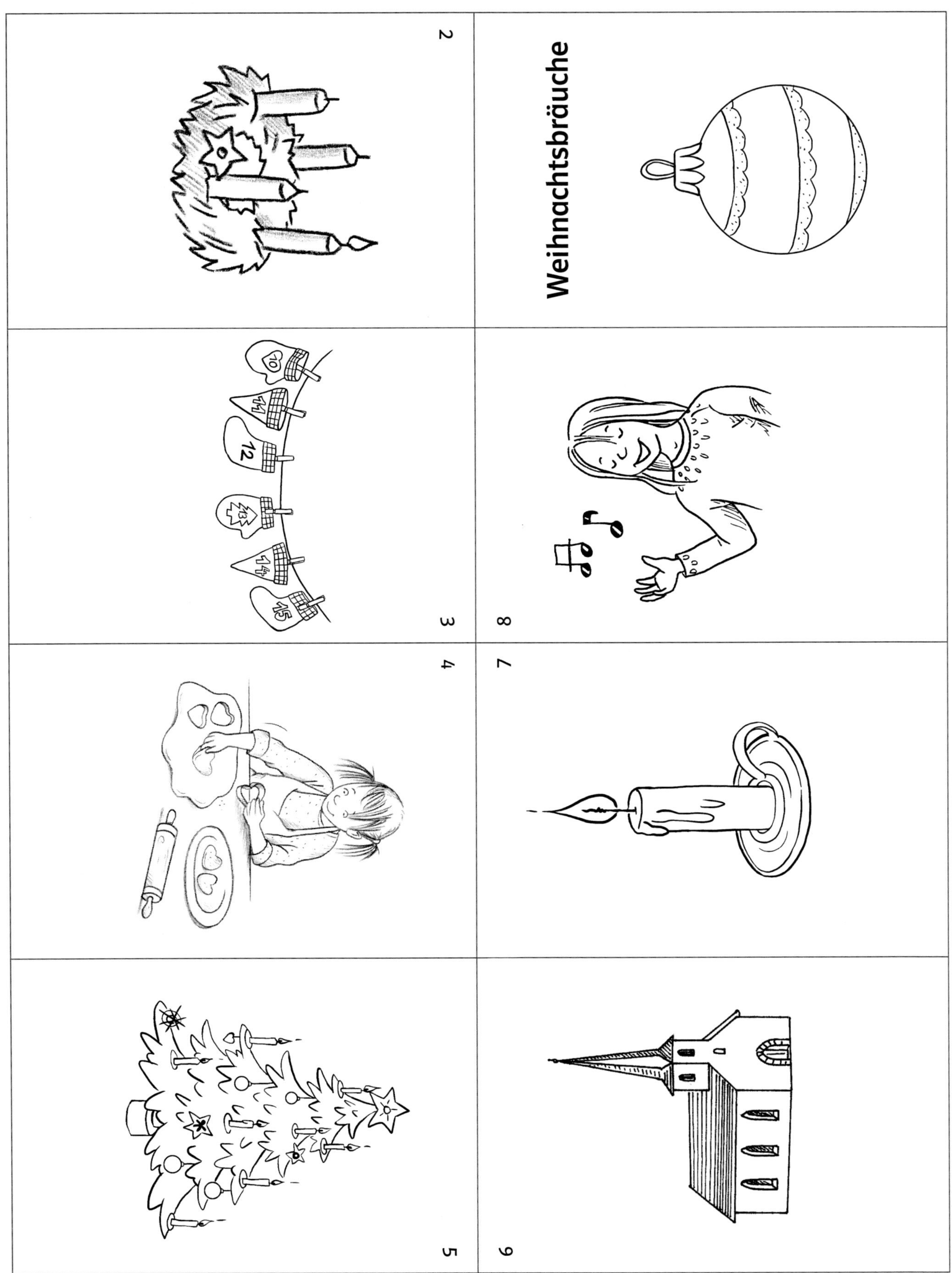

Lies die Geschichte.

Schneide die Leporelloseiten aus. Welches Bild gehört zu welchem Text?

Klebe das Leporello richtig zusammen.

Der Heilige Nikolaus

Vor langer Zeit lebte in der Stadt Patras eine reiche Familie. Der Sohn der Familie hieß Nikolaus. Er ging eines Tages an einem Haus vorbei. Er hörte einen Vater, der seinen Töchtern sagte: „Wir haben kein Geld mehr.“

Nikolaus warf drei Klumpen Gold, die in einem Tuch eingewickelt waren, durch ein Fenster in das Haus.

Die Familie war glücklich.

Arbeitsblatt „Blankogutscheine"

Wie kannst du anderen etwas Gutes tun?

Schreibe auf.

1. Stunde: Der Engel besucht Maria

Material:
- Stern aus Tonkarton (Bastelvorlage „Stern“) oder Leuchtstern
- Geschichte „Die Weihnachtserzählung“, Teil 1
- Arbeitsblatt „Filmstreifen: Der Engel besucht Maria“ (Der Filmstreifen entsteht im Verlauf der Einheit und wird in jeder Unterrichtsstunde erweitert.)
- Glitzersterne zum Aufkleben

Unterrichtsverlauf:
Die Unterrichtsstunde beginnt ritualisiert im Sitzkreis (s. „Rituale im Anfangsunterricht“).
Anschließend legt die Lehrperson einen ausgeschnittenen Stern (s. Bastelvorlage „Stern“) oder einen Leuchtstern in die Mitte des Stuhlkreises. Sie liest den ersten Abschnitt der Weihnachtsgeschichte vor.

Die Weihnachtserzählung (Teil 1)

(in Auszügen nach Lukas 1, 26–35; Lukas 2, 1–20 und Matthäus 2)

Kennt ihr euch mit Sternen aus? Schaut mal zum Himmel, dann seht ihr mich. Ich bin der kleine, hell glitzernde Stern, der links vom Großen Wagen steht. Der Große Wagen ist ein bekanntes Sternenbild. Mich übersehen die meisten Menschen – aber ich sehe sie. Ich stehe schon sehr, sehr lange hier am Himmel und habe eine wunderbare Aussicht auf die Erde. Ich war auch schon da, als vor 2000 Jahren Jesus Christus, Gottes Sohn, zur Welt kam. Das war das Beste, was ich je beobachten durfte. Hört gut zu, ich berichte euch jetzt, wie es sich zugetragen hat:

Vor sehr, sehr langer Zeit lebte in dem kleinen Ort Nazareth eine junge Frau, die Maria hieß. Maria hatte Josef sehr gerne und die beiden wollten bald heiraten. Eines Tages geschah etwas ganz Besonderes. Maria war alleine in ihrem Haus, als plötzlich Gottes Engel vor ihr stand. Maria erschrak sehr, doch der Engel sagte zu ihr: „Fürchte dich nicht, Maria, Gott hat dich ausgewählt. Du wirst schwanger werden und Gottes Sohn zur Welt bringen. Er soll Jesus heißen.“ Maria antwortete: „Es soll so sein, wie du es gesagt hast.“ Dann verschwand der Engel genauso plötzlich, wie er gekommen war. Tatsächlich wurde Maria schwanger.

Könnt ihr euch vorstellen, wie sehr mich das freute? Ich glitzerte in dieser Nacht besonders hell.

Im Anschluss fassen die Schülerinnen und Schüler das Gehörte zusammen und bearbeiten die erste Seite ihres Weihnachtsfilmstreifens (s. Arbeitsblatt „Filmstreifen: Der Engel besucht Maria“). Die Kinder malen den Engel neben Maria und kleben danach einen Glitzerstern zum Bild. Leistungsstarke Schülerinnen und Schüler ergänzen in einer Sprechblase, was der Engel zu Maria gesagt hat, oder schreiben folgenden Satz unter das Bild des Filmstreifens: Ein Engel sagt zu Maria: „Du bekommst ein Kind.“
Zum Abschluss der Arbeitsphase stellen die Kinder ihre Ergebnisse im Sitzkreis vor.

2. Stunde: Maria und Josef machen sich auf den Weg

Material:
- Stern aus Tonkarton (Bastelvorlage „Stern“) oder Leuchtstern
- Geschichte „Die Weihnachtserzählung“, Teil 2
- Arbeitsblatt „Filmstreifen: Maria und Josef machen sich auf den Weg“
- Glitzersterne zum Aufkleben

Unterrichtsverlauf:
Die Unterrichtsstunde beginnt ritualisiert im Sitzkreis (s. „Rituale im Anfangsunterricht“).
Die Lehrkraft legt anschließend den ausgeschnittenen Stern (s. Bastelvorlage „Stern“) in die Mitte des Stuhlkreises. Die Lehrkraft fordert die Kinder auf, die Rolle des Sterns einzunehmen und von dem Erlebten der letzten Unterrichtsstunde zu berichten. Die Schülerinnen und Schüler können hierfür den Filmstreifen aus den vorherigen Stunden zur Hilfe nehmen.
Anschließend liest die Lehrkraft den Kindern den zweiten Abschnitt der Weihnachtsgeschichte vor.

Die Weihnachtserzählung (Teil 2)

Hallo, da bin ich wieder, der Beobachtungsstern. Ihr habt ja schon von mir gehört. Heute will ich euch erzählen, wie die Geschichte weiterging.
Sterne sehen leider nicht nur die freudigen, spannenden Erlebnisse auf der Erde. Ich sah von meinem Plätzchen auch die Menschen, die Macht und Geld haben wollen. So einen Menschen lernt ihr jetzt kennen:

Zu dieser Zeit herrschte ein mächtiger Kaiser über das Land, in dem Maria und Josef wohnten. Er wollte wissen, wie viele Menschen in diesem Land lebten, um von ihnen Geld zu fordern. Er schickte Boten durch das

Land, die auf den Marktplätzen die Nachricht bekannt gaben. Damit alle gezählt werden konnten, sollten die Männer in die Stadt gehen, in der sie geboren waren. Deshalb machte sich auch Josef auf den Weg nach Bethlehem und nahm Maria mit. Maria erwartete bald ihr Baby und Josef wollte sie nicht allein zu Hause lassen. Für Maria war es eine lange und anstrengende Reise.

Ach, nun tat mir Maria wirklich leid. Kurz vor der Geburt ihres Kindes musste sie eine lange Reise unternehmen. Ich versuchte, ihr nachts zuzuzwinkern, um ihr Mut zu machen. Zum Glück wusste ich ja, dass Gott bei ihnen war und auf sie aufpasste.

Im Anschluss an die Erzählung fassen die Schülerinnen und Schüler das Gehörte zusammen und erhalten anschließend die zweite Seite des Filmstreifens (s. Arbeitsblatt „Filmstreifen: Maria und Josef machen sich auf den Weg“). Sie malen, was Maria und Josef für die Reise benötigen. Danach wird noch ein Glitzerstern zum Bild geklebt.
Leistungsstarke Schülerinnen und Schüler können folgenden Satz unter das Bild des Filmstreifens schreiben: Maria und Josef machen sich auf den Weg.
Zum Abschluss der Arbeitsphase stellen die Kinder ihre Ergebnisse im Sitzkreis vor.

3. Stunde: Maria und Josef finden keinen Platz zum Übernachten

Material:
- Stern aus Tonkarton (Bastelvorlage „Stern“) oder Leuchtstern
- Geschichte „Die Weihnachtserzählung“, Teil 3
- Arbeitsblatt „Filmstreifen: Maria und Josef finden keine Herberge“
- Glitzersterne zum Aufkleben

Unterrichtsverlauf:
Die Unterrichtsstunde beginnt ritualisiert im Sitzkreis (s. „Rituale im Anfangsunterricht“).
Anschließend legt die Lehrkraft wieder den ausgeschnittenen Stern (s. Bastelvorlage „Stern“) in die Kreismitte. Die Lehrkraft fordert die Kinder auf, die Rolle des Sterns einzunehmen und von dem Erlebten bzw. den Inhalten der letzten Unterrichtsstunden zu berichten. Als Hilfestellung für die Schülerinnen und Schüler kann der Filmstreifen aus den vorherigen Stunden dienen.
Anschließend liest die Lehrkraft den dritten Abschnitt der Weihnachtsgeschichte vor.

Die Weihnachtserzählung (Teil 3)

Maria und Josef kamen nur langsam voran und als sie endlich in Bethlehem waren, konnten sie keine Herberge zum Übernachten finden. Sie fragten viele Wirtsleute, doch niemand hatte einen Schlafplatz für Maria und Josef. Maria war verzweifelt, weil sie spürte, dass ihr Kind bald zur Welt kommen würde. Sie brauchten daher unbedingt einen Schlafplatz.
Ein Wirt hatte Mitleid mit den beiden. Sein Haus war zwar auch schon besetzt, aber er hatte noch einen kleinen Stall zur Verfügung. Diesen Stall, in dem ein Esel und ein Ochse wohnten, gab er Maria und Josef für die Nacht.

Nun stellt euch das einmal vor. Maria war richtig erschöpft von der langen Reise und keiner kann ihr ein Plätzchen für die Nacht geben. Nur einen Stall hat man ihr angeboten. Das fand ich nicht schön. Ich gab alles und leuchtete so hell ich konnte in das Fenster des Stalles.

Im Anschluss an die Erzählung fassen die Schülerinnen und Schüler das Gehörte zusammen. Sie erhalten die dritte Seite des Filmstreifens (s. Arbeitsblatt „Filmstreifen: Maria und Josef finden keine Herberge“). Die Kinder malen den Stall und ergänzen die Sprechblase. Danach wird noch ein Glitzerstern zum Bild geklebt.
Leistungsstarke Schülerinnen und Schüler können noch folgenden Satz unter das Bild des Filmstreifens schreiben: Maria und Josef finden keine Unterkunft.
Zum Abschluss der Arbeitsphase stellen die Kinder ihre Ergebnisse im Sitzkreis vor.

4. Stunde: Jesus wird im Stall geboren

Material:
- Stern aus Tonkarton (Bastelvorlage „Stern“) oder Leuchtstern
- Geschichte „Die Weihnachtserzählung“, Teil 4
- Arbeitsblatt „Filmstreifen: Jesus kommt im Stall zur Welt“
- Glitzersterne zum Aufkleben

Unterrichtsverlauf:
Die Unterrichtsstunde beginnt ritualisiert im Sitzkreis (s. „Rituale im Anfangsunterricht“).
Anschließend legt die Lehrkraft wieder den ausgeschnittenen Stern (s. Bastelvorlage „Stern“) in die Kreismitte. Die Lehrkraft fordert die Kinder auf, die Rolle des Sterns einzunehmen und von dem Erlebten bzw. den Inhalten der letzten Unterrichtsstunden zu

berichten. Die Schülerinnen und Schüler können hierfür den Filmstreifen aus den vorherigen Stunden zur Hilfe nehmen.
Anschließend liest die Lehrkraft den vierten Abschnitt der Weihnachtsgeschichte vor.

Die Weihnachtserzählung (Teil 4)

In dieser Nacht geschah es dann. Das Wunder passierte in dem Stall. Gottes Sohn kam zur Welt. Maria bekam ihr Kind. Maria und Josef waren glücklich und Gott, der Herr, freute sich so sehr, dass er seinen schönsten Stern in den Himmel schickte, genau über den Stall.

Was in dieser Nacht geschah, war wunderbar, fantastisch, das Beste, das ich je erlebt hatte. Gottes Sohn wurde geboren. Gott setzte seinen Stern an den Himmel und ich kann euch sagen, das war ein Glanz, eine Pracht, ein Leuchten, wie ich es von keinem Stern je erlebt habe.

Im Anschluss an die Erzählung fassen die Schülerinnen und Schüler das Gehörte zusammen. Sie erhalten die vierte Seite des Filmstreifens (s. Arbeitsblatt „Filmstreifen: Jesus kommt im Stall zur Welt"). Die Kinder malen den Sternenhimmel über dem Stall. Danach wird noch ein Glitzerstern zum Bild geklebt.
Leistungsstarke Schülerinnen und Schüler können noch folgenden Satz unter das Bild des Filmstreifens schreiben: Jesus kommt in einem Stall zur Welt.
Zum Abschluss der Arbeitsphase stellen die Kinder ihre Ergebnisse im Sitzkreis vor.

5. Stunde: Die Hirten besuchen Jesus

Material:

- Stern aus Tonkarton (Bastelvorlage „Stern") oder als Leuchtstern
- Geschichte „Die Weihnachtserzählung", Teil 5
- Arbeitsblatt „Filmstreifen: Die Hirten besuchen Jesus"
- Glitzersterne zum Aufkleben

Unterrichtsverlauf:
Die Unterrichtsstunde beginnt ritualisiert im Sitzkreis (s. „Rituale im Anfangsunterricht").
Anschließend legt die Lehrkraft wieder den ausgeschnittenen Stern (s. Bastelvorlage „Stern") in die Kreismitte. Die Lehrkraft fordert die Kinder auf, die Rolle des Sterns einzunehmen und von dem Erlebten bzw. den Inhalten der letzten Unterrichtsstunden zu berichten. Als Hilfestellung für die Schülerinnen und Schüler kann der Filmstreifen aus den vorherigen Stunden dienen.
Anschließend liest die Lehrkraft den fünften Abschnitt der Weihnachtsgeschichte vor.

Die Weihnachtserzählung (Teil 5)

In der Gegend waren Hirten auf dem Feld. Sie bewachten ihre Schafe, damit keine wilden Tiere die Herde angriffen. Plötzlich wurde es mitten in der Nacht taghell und ein Engel Gottes kam zu den Hirten. Sie erschraken sehr. Doch der Engel sprach: „Fürchtet euch nicht, ich bringe euch eine wunderbare Nachricht, über die ihr euch sehr freuen werdet. Heute ist Jesus Christus, der Sohn Gottes, geboren. Er wird alle Menschen retten. Ihr werdet das Kind finden, das in Windeln gewickelt in einer Futterkrippe liegt." Dann kamen noch viel mehr Engel zu den Hirten, die lobten Gott und sangen von dem Frieden, den Gott nun allen Menschen schenken würde. Als die Engel wieder verschwunden waren, machten sich die Hirten auf den Weg, um das Kind zu suchen. Sie gingen nach Bethlehem und fanden den Stall mit Jesus in der Krippe. Alles war so, wie es der Engel den Hirten gesagt hatte. Glücklich sahen sie das Kind und dankten Gott. Sie durften als Erste Gottes Sohn sehen, obwohl sie nur ganz arme Hirten waren. Alles, was sie gesehen und erlebt hatten, erzählten sie froh allen Menschen, die sie trafen.

Wir alle gaben unser Bestes. Jeder Stern leuchtete zu Ehren Gottes. Der Weihnachtsstern aber zeigte den Hirten den Weg. Es war ein so prächtiger Stern! Oh, war das wunderbar! Gottes Sohn kam auf die Welt, um alle Menschen zu retten.

Im Anschluss an die Erzählung fassen die Schülerinnen und Schüler das Gehörte zusammen. Sie erhalten die fünfte Seite des Filmstreifens (s. Arbeitsblatt „Filmstreifen: Die Hirten besuchen Jesus"). Die Kinder malen das Bild an, ergänzen Noten sowie einen Engelschor und gestalten aus Watte Schafe. Danach wird noch ein Glitzerstern zum Bild geklebt.
Leistungsstarke Schülerinnen und Schüler können noch folgenden Satz unter das Bild des Filmstreifens schreiben: Ein Engel schickt die Hirten zu Jesus. Sie finden das Kind.
Zum Abschluss der Arbeitsphase stellen die Kinder ihre Ergebnisse im Sitzkreis vor.

6. Stunde: Die Heiligen Drei Könige besuchen das Jesuskind

Material:

- Stern aus Tonkarton (s. Bastelvorlage „Stern“) oder Leuchtstern
- Geschichte „Die Weihnachtserzählung“, Teil 6
- Arbeitsblatt „Filmstreifen: Die Heiligen Drei Könige finden das Jesuskind“
- Glitzersterne zum Aufkleben

Unterrichtsverlauf:

Die Unterrichtsstunde beginnt ritualisiert im Sitzkreis (s. „Rituale im Anfangsunterricht“).
Anschließend legt die Lehrkraft wieder den ausgeschnittenen Stern (s. Bastelvorlage „Stern“) in die Kreismitte. Die Lehrkraft fordert die Kinder auf, die Rolle des Sterns einzunehmen und von dem Erlebten bzw. den Inhalten der letzten Unterrichtsstunden zu berichten. Die Schülerinnen und Schüler können hierfür den Filmstreifen aus den vorherigen Stunden zur Hilfe nehmen.
Anschließend erläutert die Lehrkraft den Kindern die Begriffe Myrrhe, Weihrauch sowie Gold und liest den sechsten Abschnitt der Weihnachtsgeschichte vor.

Die Weihnachtserzählung (Teil 6)

Heilige Könige aus dem Morgenland hatten am Himmel auch den wunderbaren Stern gesehen und herausbekommen, dass dieser Stern die Geburt eines neuen Königs ankündigte. Die Heiligen Drei Könige wollten daher Gottes Kind ebenfalls sehen. Sie hatten aber eine viel längere Reise vor sich als die Hirten.
Sie folgten dem Stern bis nach Bethlehem und fanden Jesus. Die Heiligen Drei Könige fielen auf ihre Knie und beteten das Kind an. Sie brachten kostbare Geschenke – Gold, Weihrauch und Myrrhe – mit. Alle dankten Gott von Herzen für das Jesuskind.

Dieser prächtige Weihnachtsstern war so groß und schön, dass auch die Heiligen Drei Könige auf ihn aufmerksam wurden. Jetzt wisst ihr, wie es sich damals zugetragen hat. Ich durfte von meinem Platz beobachten, wie Gottes Sohn zur Welt kam.

Im Anschluss an die Erzählung fassen die Schülerinnen und Schüler das Gehörte zusammen. Sie erhalten die sechste Seite des Filmstreifens (s. Arbeitsblatt „Filmstreifen: Die Heiligen Drei Könige finden das Jesuskind“). Die Kinder malen das Bild an und ergänzen die mitgebrachten Geschenke Weihrauch, Myrrhe und Gold. Danach wird noch ein Glitzerstern zum Bild geklebt.
Leistungsstarke Schülerinnen und Schüler können noch folgenden Satz unter das Bild des Filmstreifens schreiben: Die Heiligen Drei Könige freuen sich über Jesus.
Zum Abschluss der Arbeitsphase stellen die Kinder ihre Ergebnisse im Sitzkreis vor.

Bastelvorlage „Stern“

Arbeitsblatt „Filmstreifen: Der Engel besucht Maria“

Schneide den Filmstreifen aus.

Male den Engel zu Maria.

Klebe einen Stern in das Bild.

Was hat der Engel zu Maria gesagt?
Male eine Sprechblase und schreibe die Worte hinein.

Arbeitsblatt „Filmstreifen: Maria und Josef machen sich auf den Weg“

Schneide den Filmstreifen aus.

Schreibe oder male, was Maria und Josef für ihre beschwerliche Reise alles benötigen.

Klebe einen Stern in das Bild.

Arbeitsblatt „Filmstreifen: Maria und Josef finden keine Herberge“

- Schneide den Filmstreifen aus.
- Was zeigt der Wirt Maria und Josef?
  Male es in das Bild und schreibe es in die Sprechblase.
- Klebe einen Stern in das Bild.

Arbeitsblatt „Filmstreifen: Jesus kommt im Stall zur Welt“

- Schneide den Filmstreifen aus.
- Male den Sternenhimmel über den Stall.
- Klebe einen Stern in das Bild.

Arbeitsblatt „Filmstreifen: Die Hirten besuchen Jesus“

- Schneide den Filmstreifen aus.
- Male Noten und einen Engelchor.
- Klebe Schafe aus Watte.
- Klebe einen Stern in das Bild.

Arbeitsblatt „Filmstreifen: Die Heiligen Drei Könige finden das Jesuskind“

- Schneide den Filmstreifen aus.
- Welche Geschenke bringen die Heiligen Drei Könige? Male.
- Klebe einen Stern in das Bild.

1. Stunde: Jesus sucht sich seine Jünger

Material:
- Geschichte „Jesus sucht sich seine Jünger“
- Bodenbildmaterialien oder Fotos von: Boot, Fischernetz
- Holzfiguren, Fische
- Arbeitsblatt „Jesus und seine Jünger“

Unterrichtsverlauf:
Die Unterrichtsstunde beginnt ritualisiert im Sitzkreis (s. „Rituale im Anfangsunterricht“).
Die Lehrkraft legt in die Mitte des Stuhlkreises ein kleines Boot und ein Stück Fischernetz. Alternativ können auch Fotos der Gegenstände verwendet werden. Die Kinder berichten, dass es Fischer gibt, die mit dem Boot hinausfahren und Fische fangen. Die Lehrkraft legt nun eine kleine Holzfigur unter das Netz und fragt, ob man damit auch Menschen fangen kann? Sie berichtet, dass sich Jesus Freunde gesucht hat und diese aufgefordert hat, Menschenfischer zu werden. Was könnte das bedeuten? Die Kinder äußern ihre Vermutungen. Stichpunkte werden auf Tonkartonstreifen notiert und in die Kreismitte gelegt. Anschließend erläutert die Lehrkraft die Bedeutung des Wortes Jünger und liest die Geschichte vor.

Jesus sucht sich seine Jünger

(nach Matthäus 4, 18–22)

Jesus kam an einen großen See, den See Genezareth. Er sah am Ufer des Sees ein Boot. Zwei Fischer warfen gerade ihre Netze ins Wasser, um Fische zu fangen. Jesus winkte den Männern zu und bat sie, zu ihm zu kommen. Die Fischer waren sehr erstaunt und als sie bei Jesus ankamen, sagte er zu ihnen: „Ich möchte, dass ihr mit mir geht. Ich möchte, dass ihr meine Jünger werdet und keine Fische mehr fangt, sondern Menschen. Ich möchte, dass ihr den Menschen von Gott und von mir erzählt.“ Die Fischer, sie hießen Andreas und Petrus, waren sofort einverstanden und gingen mit Jesus mit.
Jesus, Petrus und Andreas kamen an einem älteren Fischer vorbei. Er hatte zwei Söhne, Jakobus und Johannes. Jesus sagte zu ihnen: „Folgt mir und ihr werdet noch größere Fische fangen!“ Die Söhne verabschiedeten sich von ihrem Vater und folgten Jesus.
Weitere Jünger schlossen sich Jesus an. Es waren zwölf Jünger, die mit Jesus gingen und vieles von ihm lernten. Sie sahen, wie er anderen Menschen half und wie er von Gott erzählte. Die Jünger waren immer bei ihm.

Im Anschluss fassen die Schülerinnen und Schüler das Gehörte zusammen und äußern sich zu der Fragestellung, was Jesus mit den Worten „Folgt mir und ihr werdet noch größere Fische fangen“ gemeint haben könnte. Anschließend bearbeiten sie auf ihrem Platz das Arbeitsblatt „Jesus und seine Jünger“.
Zum Abschluss der Arbeitsphase stellen die Kinder ihre Ergebnisse im Sitzkreis vor.

2. Stunde: Jesus und die Kinder

Material:
- Geschichte „Jesus und die Kinder“
- Biegefiguren
- Arbeitsblatt „Unter Jesu Mantel“

Unterrichtsverlauf:
Die Unterrichtsstunde beginnt ritualisiert im Sitzkreis (s. „Rituale im Anfangsunterricht“).
Die Lehrkraft liest anschließend die Geschichte vor.

Jesus und die Kinder

(nach Markus 10, 13–16)

Jesus sprach gerne mit anderen Menschen. An einem Tag war Jesus in einem Gespräch, als Mütter mit ihren Kindern auf Jesus zukamen. Die Mütter und die Kinder wollten mit Jesus reden. Die Jünger dachten, diese Mütter mit ihren Kindern würden Jesus nur stören. Sie sagten zu ihnen: „Ihr könnt jetzt nicht zu Jesus. Die Kinder wissen gar nichts von ihm und können auch gar nicht verstehen, was Jesus sagt.“ Jesus hörte die Worte seiner Jünger. Er sprach: „Lasst die Kinder zu mir kommen; hindert sie nicht daran! Denn Menschen wie ihnen gehört das Reich Gottes.“ Er wendete sich den Kindern zu, redete mit ihnen und gab ihnen den Segen. Die Jünger aber waren erstaunt und wunderten sich.

Im Anschluss an die Geschichte geben die Kinder das Gehörten wieder und äußern sich zu der Fragestellung, wie die Jünger von Jesus und Jesus selbst mit den Kindern umgehen.
Die Schülerinnen und Schüler gehen auf ihre Plätze und erhalten das Arbeitsblatt „Unter Jesu Mantel“. Sie kleben Kinder zu Jesus und malen sich selbst hinzu.
Zum Abschluss der Arbeitsphase stellen die Kinder ihre Ergebnisse im Sitzkreis vor. Das Lied „Wir sind die Kleinen in den Gemeinden“ (Text: Jürgen Fliege, Dietmar Fissel; Musik: Holger Clausen / tvd-Verlag 1981) kann am Ende der Unterrichtsstunde gesungen werden.

3. Stunde: Ein Zöllner zur Zeit Jesu

Material:
- Geschichte „Der Zöllner Zachäus“, Teil 1
- Arbeitsblatt „Ein Zöllner Namens Zachäus“

Unterrichtsverlauf:
Die Unterrichtsstunde beginnt ritualisiert im Sitzkreis (s. „Rituale im Anfangsunterricht“).
Die Lehrkraft legt die Stadtgrafik des Arbeitsblattes „Ein Zöllner namens Zachäus“ in die Kreismitte. Zunächst betrachten die Kinder das Bild. Die Lehrkraft richtet den Fokus der Kinder auf den Zöllner am Stadttor. Die Schülerinnen und Schüler tragen ihr Wissen über den Beruf des Zöllners zusammen („Zöllner saßen meist am Stadttor.“ „Sie wurden eingesetzt, um Gelder von allen Menschen einzunehmen, die in die Stadt wollten.“ „Sie waren in der Gesellschaft nicht angesehen und wurden isoliert.“).
Anschließend liest die Lehrkraft den ersten Teil der Geschichte vor.

Der Zöllner Zachäus (Teil 1)

(nach Lukas 19, 1–10)

In der Stadt Jericho lebte ein sehr reicher Mann. Dieser Mann hieß Zachäus. Sein Beruf war Zöllner. Ein Zöllner war jemand, der von den Menschen, die in die Stadt wollten, Geld nahm. Jedes Mal, wenn jemand in die Stadt gehen wollte, hielt Zachäus ihn an und verlangte Geld für das Eintreten. Er saß in einem Zollhaus am Stadttor und passte genau auf, dass ihm auch niemand entwischte. Zachäus nahm von den Menschen mehr Geld, als diese eigentlich geben mussten. Die anderen Zöllner der Stadt nahmen nicht so viel Geld. Zachäus war aber der oberste Zöllner der Stadt und daher konnte er so viel Geld verlangen, wie er wollte. Von dem Geld, das er einnahm, kaufte er sich ein großes Haus und konnte sich auch ansonsten alles kaufen, was er wollte.

Im Anschluss fassen die Schülerinnen und Schüler das Gehörte zusammen und stellen Vermutungen an, was die Menschen über Zachäus dachten. Die Ideen werden an der Tafel gesammelt. Die Kinder bearbeiten nun das Arbeitsblatt „Ein Zöllner namens Zachäus“ und füllen die Gedankenblasen der Menschen aus.
Zum Abschluss der Arbeitsphase stellen die Kinder ihre Ergebnisse im Sitzkreis vor.

4. Stunde: Szenisches Spiel zu Zachäus

Material:
- Geschichte „Der Zöllner Zachäus“, Teil 2
- Arbeitsblatt „Zachäus auf dem Baum“
- Biegefigur

Unterrichtsverlauf:
Die Unterrichtsstunde beginnt ritualisiert im Sitzkreis (s. „Rituale im Anfangsunterricht“).
Mithilfe des Arbeitsblattes aus der vorherigen Unterrichtsstunde wiederholen die Schülerinnen und Schüler den ersten Teil der Zachäusgeschichte und berichten, was die Menschen über Zachäus dachten. Anschließend stellt die Lehrkraft die Frage, ob Zachäus wohl ein glücklicher Mann war. Die Kinder äußern Vermutungen und eine Biegefigur in der Kreismitte wird entsprechend der Vermutungen positioniert („Er ist glücklich, er hat viel Geld.“ „Er ist glücklich, denn er hat ein großes Haus und kann sich alles kaufen, was er möchte.“ „Er ist unglücklich, weil ihn keiner mag.“).
Die Lehrkraft liest den zweiten Teil der Geschichte vor.

Der Zöllner Zachäus (Teil 2)

Zachäus könnte in seinem großen Haus ein glückliches Leben führen. Doch Zachäus war nicht glücklich. Er war zwar reich und konnte sich alles kaufen, was er sich wünschte, doch das Wichtigste im Leben fehlte ihm: Er hatte keine Freunde. Keiner wollte ihn besuchen, alle waren verärgert und darum war Zachäus sehr einsam.
An einem Tag bemerkte er, dass viele Menschen auf den Straßen unterwegs waren. Die Stadt war voller Menschen und alle waren aufgeregt. Er hörte, wie sie sagten, dass Jesus in die Stadt kommen würde. „Jesus“, dachte Zachäus. „Das ist doch der Mensch, der Kranke heilen kann und von Gott erzählt.“ Zachäus hatte sogar gehört, dass Jesus auch Zöllner mochte. Vielleicht konnte er mit ihm reden. Er wäre so glücklich, wenn Jesus mit ihm sprechen würde. Schon sprang er auf und lief dorthin, von wo der Lärm kam. Leider konnte er nicht an Jesus herankommen. Die Menschen hatten die Sicht versperrt, es waren einfach zu viele. Er traute sich nicht, nach Jesus zu rufen, aber es musste doch eine Möglichkeit geben, wenigstens einen kleinen Blick auf Jesus zu erhaschen. Da fiel ihm etwas Gutes ein. Er kletterte auf einen Baum, der in der Nähe stand. Bis ins Geäst kletterte er. Die anderen Leute sahen dies und machten sich über ihn lustig, doch Zachäus kümmerte sich nicht weiter darum. Er war so gespannt auf Jesus. Als Jesus an ihm vorbeikam, blieb er unter dem Baum stehen …

Im Anschluss fassen die Schülerinnen und Schüler das Gehörte zusammen und stellen Vermutungen an, wie Jesus auf den Zöllner Zachäus reagieren wird. Die Kinder bearbeiten nun das Arbeitsblatt „Zachäus auf dem Baum“ und schreiben den weiteren Verlauf der Geschichte auf.
Zum Abschluss der Arbeitsphase stellen die Kinder ihre Ergebnisse im Sitzkreis vor.

5. Stunde: Jesus und Zachäus

Material:
- Geschichte „Der Zöllner Zachäus“, Teil 3
- Arbeitsblatt „Zachäus begegnet Jesus“

Unterrichtsverlauf:
Die Unterrichtsstunde beginnt ritualisiert im Sitzkreis (s. „Rituale im Anfangsunterricht“).
Mithilfe des Arbeitsblattes aus der vorherigen Unterrichtsstunde wiederholen die Schülerinnen und Schüler den zweiten Teil der Zachäusgeschichte sowie ihre Vermutungen, wie Jesus auf Zachäus reagieren wird. Die Lehrkraft liest anschließend den dritten Teil der Geschichte vor.

Der Zöllner Zachäus (Teil 3)

Jesus zeigte auf Zachäus. Er rief: „Zachäus, komm herunter. Ich möchte dich heute zu Hause besuchen. Ich möchte dein Gast sein.“
Zachäus glaubte, dass er sich verhört hatte. Jesus wollte ihn zu Hause besuchen? Das war unmöglich. Keiner hat mich je besucht. Warum sollte Jesus es dann tun? Zachäus überlegte nicht lange und kletterte vom Baum herunter. Er führte Jesus zu seinem Haus und reichte ihm die besten Speisen. Zachäus war sehr gastfreundlich und immer noch verwundert, dass Jesus mit ihm gegangen war. Er sagte zu Jesus: „Alles, was ich habe, will ich mit den Armen teilen. Ich will jetzt nicht mehr alles für mich behalten, ich möchte anderen helfen. Ich gebe das Vierfache zurück von dem, was ich erhalten habe.“
„Du bist ein guter Mann, Zachäus. Du hast mich heute eingeladen und du gehörst zu Gott. In deinem Haus ist heute etwas Besonderes geschehen.“
Vor dem Haus waren viele Menschen und diese waren nicht sehr glücklich darüber, dass Jesus zu Zachäus ins Haus gegangen war. Für Jesus war es aber wichtig, Zachäus zu helfen und ihn auf einen guten Weg zu bringen.

Im Anschluss fassen die Schülerinnen und Schüler das Gehörte zusammen und stellen Vermutungen an, wie Jesus Zachäus geholfen hat. Die Kinder bearbeiten nun das Arbeitsblatt „Zachäus begegnet Jesus“ und schreiben die Gedanken von Zachäus vor und nach der Begegnung mit Jesus auf.
Zum Abschluss der Arbeitsphase stellen die Kinder ihre Ergebnisse im Sitzkreis vor.

6. Stunde: Bartimäus

Material:
- Augenbinde
- Verschiedene Gegenstände für kleine Übungen: Fühlkiste mit Gegenständen, Schuhe der Kinder, Tasse, Kanne mit Wasser

Unterrichtsverlauf:
In dieser Stunde sollen die Schüler annähernd erfahren, wie schwierig es ist, sich blind zurechtzufinden.
Die Unterrichtsstunde beginnt ritualisiert im Sitzkreis (s. „Rituale im Anfangsunterricht“).
Anschließend werden einige Übungen im Stuhlkreis ausprobiert:
- ► Eine Fühlkiste wird mit verschiedenen Gegenständen herumgereicht, die Schülerinnen und Schüler ertasten mit geschlossenen Augen die Gegenstände in der Kiste und versuchen zu erraten, um welche Dinge es sich handelt.
- ► Die Kinder versuchen, sich mit geschlossenen Augen die Schuhe anzuziehen.
- ► Die Schülerinnen und Schüler versuchen, mit geschlossenen Augen Wasser aus einer Kanne in eine Tasse zu gießen (dies gelingt, wenn ein Finger in die Tasse gesteckt wird).

Im Anschluss berichten die Kinder von ihren Erfahrungen.
Die Schülerinnen und Schüler erhalten von der Lehrkraft ein leeres Blatt Papier, auf das sie Dinge schreiben oder malen, die ihnen bei den Übungen besonders schwergefallen sind.
Zum Abschluss der Arbeitshase tragen die Kinder ihre Ergebnisse im Sitzkreis vor.

7. Stunde: Jesus und Bartimäus

Material:
- Geschichte „Die Heilung des blinden Bartimäus“, Teil 1 + 2
- Arbeitsblatt „Bartimäus“

Unterrichtsverlauf:
Die Unterrichtsstunde beginnt ritualisiert im Sitzkreis (s. „Rituale im Anfangsunterricht").
Die Schülerinnen und Schüler berichten noch einmal von den Erfahrungen der vergangenen Unterrichtsstunde.
Die Lehrkraft liest den ersten Teil der Geschichte vor.

Die Heilung des blinden Bartimäus (Teil 1)

(nach Markus 10, 46–52)

Eines Tages kamen Jesus und die Jünger an einem einsamen Mann vorbei. Er saß vor der Stadt Jericho und bettelte. Er konnte nichts sehen, er war blind. Seine Kleidung war zerrissen. Der Mann war traurig und sehr mutlos. Wenn jemand an ihm vorbeiging, bettelte er um eine kleine Gabe. Manchmal schrie er sogar laut auf, damit die Menschen auf ihn aufmerksam wurden. Der Bettler hieß Bartimäus. Von den meisten Menschen wurde Bartimäus übersehen, doch einige Menschen hatten Mitleid mit ihm und gaben ihm etwas Geld.
An dem Tag, als Jesus in die Stadt Jericho kam, merkte Bartimäus, dass etwas anders war als sonst. Es waren viel mehr Menschen auf den Straßen als üblich. Die Menschen waren aufgeregt und sehr laut. Bartimäus konnte sich die Aufregung nicht erklären. Er fragte: „Was ist denn los? Warum seid ihr heute alle so aufgeregt?" Einige Menschen erklärten ihm, dass Jesus in die Stadt kommen würde.

Die Lehrkraft unterbricht die Geschichte und fragt die Schülerinnen und Schüler, wie sich Bartimäus fühlt. Die Kinder äußern ihre Vermutungen und bauen im Anschluss in kleinen Gruppen ein Standbild zu den Gefühlen von Bartimäus. Während der Präsentation können andere Kinder der Reihe nach Bartimäus' Gedanken kundtun, indem sie zu dem Standbild treten, die Hand auf die Schulter der Kinder legen und für die dargestellte Figur sprechen („Ich bin so traurig, weil ich täglich betteln muss."). Anschließend liest die Lehrperson den Rest der Geschichte vor.

Die Heilung des blinden Bartimäus (Teil 2)

Von Jesus hatte Bartimäus schon viel gehört. Er hatte gehört, dass Jesus Menschen heilen konnte. Vielleicht konnte Jesus sogar etwas für ihn tun. Nun wurde auch Bartimäus aufgeregt. Wie konnte er Jesus auf sich aufmerksam machen? Er fing an, laut zu schreien. Die anderen Menschen fanden das gar nicht gut und sagten zu ihm, dass Jesus keine Zeit für ihn hatte, da er zum Fest nach Jerusalem ziehen wollte. Bartimäus ließ aber nicht locker und schrie noch lauter. Auf einmal hörte er, dass jemand seinen Namen rief. Immer wieder. Bartimäus konnte es kaum glauben, doch es war wahr: Jesus rief seinen Namen. Die Menschen um Bartimäus herum wurden still und schauten auf ihn. Sie machten Bartimäus Mut und sagten: „Hör nur, Jesus ruft dich. Gehe zu ihm!" Da stand Bartimäus entschlossen auf, warf seinen Mantel ab und folgte der Stimme. Nun stand Bartimäus vor Jesus. Jesus fragte: „Bartimäus, wie kann ich dir helfen?" Bartimäus fasste all seinen Mut zusammen und sprach: „Ich würde so gerne wieder sehen können."
„Du hast an mich und auch an dich geglaubt, daher kannst du jetzt nach Hause gehen. Du kannst nun wieder sehen." Auf einmal gingen Bartimäus die Augen auf und er konnte wieder sehen. Bartimäus war so überglücklich und dankbar, dass er beschloss, mit Jesus zu gehen und ihn nie wieder zu verlassen.

Die Kinder wiederholen den Inhalt der Geschichte und gestalten ein weiteres Standbild mit dem sehenden Bartimäus. Nach der Präsentation der Standbilder erhalten die Schülerinnen und Schüler das Arbeitsblatt „Bartimäus". Sie sortieren die Bilder zur Geschichte und schreiben passende Sätze.
Im Anschluss werden die Ergebnisse im Sitzkreis präsentiert. Zum Ende der Unterrichtsstunde kann gemeinsam das Lied „Staunende Augen" (Uwe Lal) gesungen werden.

8. Stunde: Jesus und der Gelähmte

Material:
- Geschichte „Die Heilung des Gelähmten", Teil 1
- Arbeitsblätter „Jesus und der Gelähmte 1 + 2"

Unterrichtsverlauf:
Die Unterrichtsstunde beginnt ritualisiert im Sitzkreis (s. „Rituale im Anfangsunterricht").
Anschließend berichten die Kinder noch einmal von der Heilung des blinden Bartimäus. Die Lehrkraft leitet zu der Geschichte „Die Heilung des Gelähmten" über und erläutert den Kindern, dass Jesus noch weitere Menschen geheilt hat. Die Geschichte wird bis zu der Stelle vorgelesen, an der die Freunde den Gelähmten in eine Decke packen und das Haus verlassen.

Die Heilung des Gelähmten (Teil 1)

(nach Markus 2, 1–12)

In der Stadt Kapernaum am See Genezareth, lebte ein Mann, der gelähmt war. Er konnte seinen Körper nicht bewegen. Zum Glück hatte er vier Freunde, die sich um ihn kümmerten. Er lag tagein, tagaus auf seiner Decke und war ganz traurig. Doch eines Tages kamen seine Freunde und nahmen ihn mit. Jeder fasste eine Ecke der Decke und so trugen sie ihn aus dem Haus. Sie hatten etwas Gutes mit ihm vor.
Die Freunde erzählten dem Gelähmten etwas von einem Mann namens Jesus, doch der Gelähmte verstand nicht, was los war. Die Freunde wollten ihn zu Jesus bringen. Sie hatten gehört, dass dieser Kranke heilen konnte, und sie wollten nun, dass Jesus auch ihren Freund heilte.
Nach einer längeren Strecke durch viele Straßen kamen sie endlich dort an, wo Jesus war. Er befand sich in einem Haus, doch leider konnten die vier Freunde nicht in das Haus gelangen, da so viele Menschen bei Jesus waren, die ihn sehen wollten. Im Haus und vor dem Haus war es komplett überfüllt. Die Freunde überlegten nicht lange. Sie gingen eine Treppe nach oben, die außen am Haus entlangführte. Auf dem Flachdach angekommen, fragte der gelähmte Mann: „Was passiert hier eigentlich mit mir?“ Die Freunde versicherten ihm: „Alles wird gut werden.“

Die Kinder wiederholen den Inhalt der Geschichte und erhalten die Arbeitsblätter „Jesus und der Gelähmte 1 + 2“. Sie beschreiben, wie die Freunde den Kranken aufmuntern und wie es diesem auf dem Dach des Hauses ergeht.
Die Ergebnisse werden im Anschluss an die Arbeitsphase im Sitzkreis präsentiert.

9. Stunde: Heilung des Gelähmten

Material:
- Geschichte „Die Heilung des Gelähmten“, Teil 2
- Arbeitsblätter „Jesus und der Gelähmte 3 + 4“

Unterrichtsverlauf:
Die Unterrichtsstunde beginnt ritualisiert im Sitzkreis (s. „Rituale im Anfangsunterricht“).
Anschließend wiederholen die Kinder den ersten Teil der Geschichte. Es ist möglich, die Schülerinnen und Schüler für den Gelähmten sprechen zu lassen. Dafür legt sich ein Kind auf eine mitgebrachte Decke, ein anderes Kind berührt „den Gelähmten“ an der Schulter und spricht für ihn (z. B. „Ich habe Angst, dass die Freunde mich loslassen und ich von der Decke falle.“ „Wo gehen sie mit mir hin?“).
Die Lehrkraft liest die Geschichte im Anschluss bis zum Ende vor.

Die Heilung des Gelähmten (Teil 2)

Die Freunde fingen an, das flache Dach an einer Stelle zu öffnen. Dann banden sie an die vier Ecken der Decke des Gelähmten Seile. Anschließend taten sie etwas, was keiner gedacht hatte: Sie ließen den gelähmten Freund ganz vorsichtig durch das Dach ins Innere des Hauses. Ganz langsam kam ihr Freund bei Jesus an. Jesus sah den Kranken und auch seine Freunde, die von oben durch das Loch schauten. Er sprach zu dem Gelähmten: „Steh auf. Alle deine Sünden sind vergeben und du wirst wieder laufen können. Gehe jetzt nach Hause.“ Der Gelähmte, die Freunde und auch die vielen anderen Menschen hielten den Atem an. Sie konnten nicht glauben, was sie sahen. Der Kranke stand tatsächlich auf, rollte seine Matte ein und ging glücklich nach Hause. Die Menschen aber waren erstaunt. So etwas hatten sie noch nie erlebt. Auch sie waren glücklich und lobten Gott und sangen Loblieder.

Die Kinder wiederholen den Inhalt der Geschichte und erhalten die Arbeitsblätter „Jesus und der Gelähmte 3 + 4“. Sie beschreiben, was die Freunde denken, als sie auf dem Dach stehen und erläutern die Gefühle des Geheilten, nachdem dieser Jesus begegnete.
Die Ergebnisse werden im Anschluss an die Arbeitsphase im Sitzkreis präsentiert.

10. Stunde: Was wissen wir über Jesus?

Material:
- Bibel
- auf Tonkarton gestaltete Wortkarte „Jesus“
- Arbeitsblatt „Geschichten über Jesus“

Unterrichtsverlauf:
Die Unterrichtsstunde beginnt ritualisiert im Sitzkreis (s. „Rituale im Anfangsunterricht“).
Die Lehrkraft legt eine Bibel, in der eine Wortkarte mit der Aufschrift „Jesus“ versteckt ist, in die Mitte des Sitzkreises. Die Schülerinnen und Schüler werden aufgefordert, das Wort auf der Karte zu lesen. Anschließend fordert die Lehrkraft die Kinder auf, alle Geschichten zu nennen, die sie über Jesus kennen. Die Lehrkraft notiert die genannten Geschichten und legt sie um die Bibel herum in den Sitzkreis.

Gemeinsam kann das Lied „Hast du schon von ihm gehört“ (Text: Sabine Buschatzky; Melodie: Fritz Baltruweit) gesungen werden.
Anschließend erhalten die Kinder das Arbeitsblatt „Geschichten über Jesus“ und gestalten die einzelnen Felder des Kreuzes mit ihnen bekannten Jesusgeschichten. Leistungsstarke Kinder können eine Überschrift zu den einzelnen Bildern schreiben.

Dieses Kreuz kann im Zuge des Spiralcurriculums von den Schülerinnen und Schülern jährlich erweitert werden.

Jesus sagt: „Folgt mir und ihr werdet noch größere Fische fangen!"
Was meint Jesus damit?
Schreibe es auf.

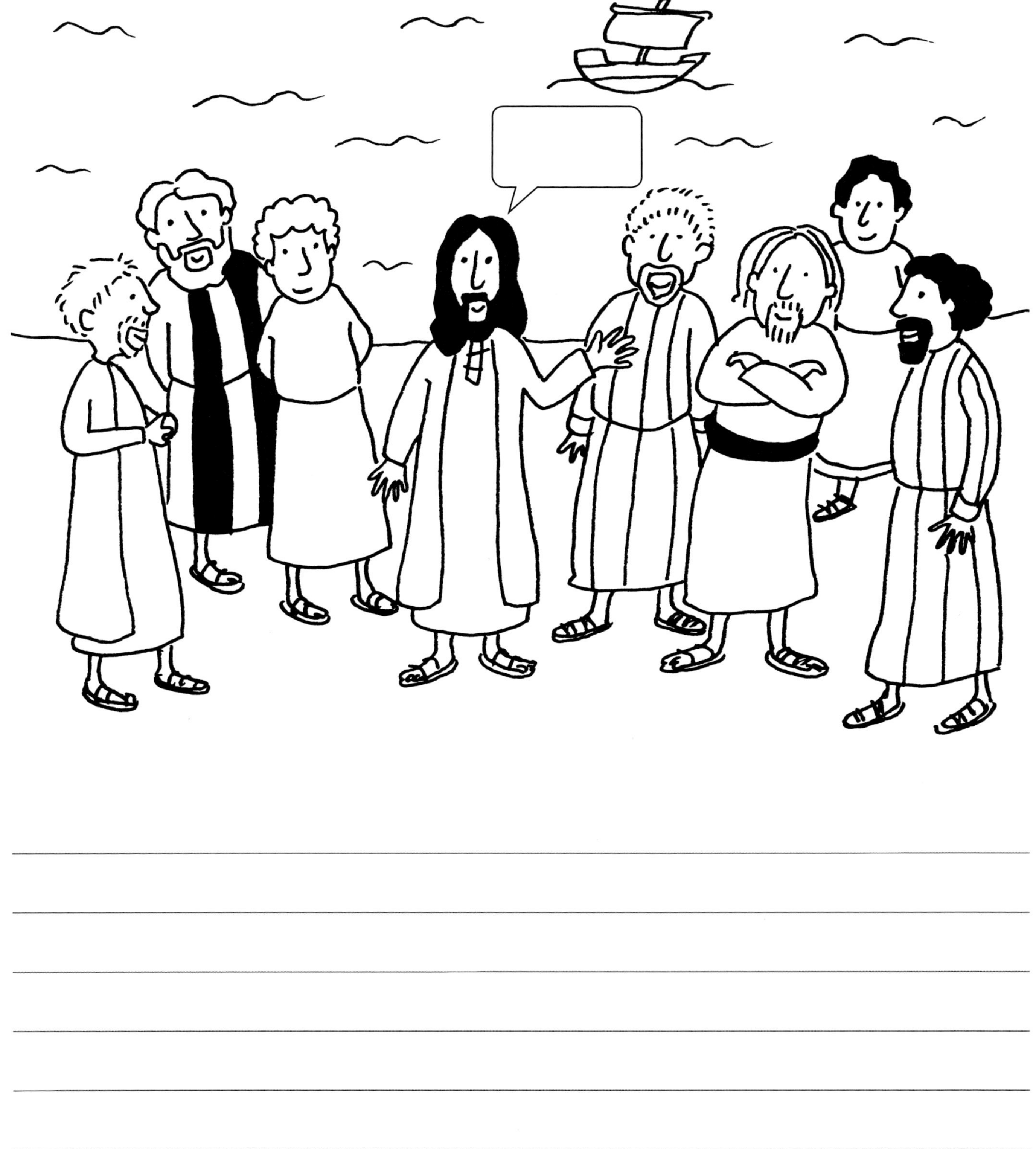

Arbeitsblatt „Unter Jesu Mantel“

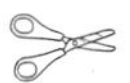 Schneide die Kinder aus.

 Klebe sie zu Jesus.

 Male auch dich dazu.

Was denken die Menschen über Zachäus?
Schreibe es in die Gedankenblasen.

Diese Sätze helfen dir:

Zachäus ist gemein.

Zachäus ist ein ungerechter Mann.

Er ist ein Betrüger.

Er nimmt uns zu viel Geld ab.

Ich will mein Geld zurück.

Wie geht die Geschichte weiter?
Was wird Jesus zu Zachäus sagen?
Schreibe es auf.

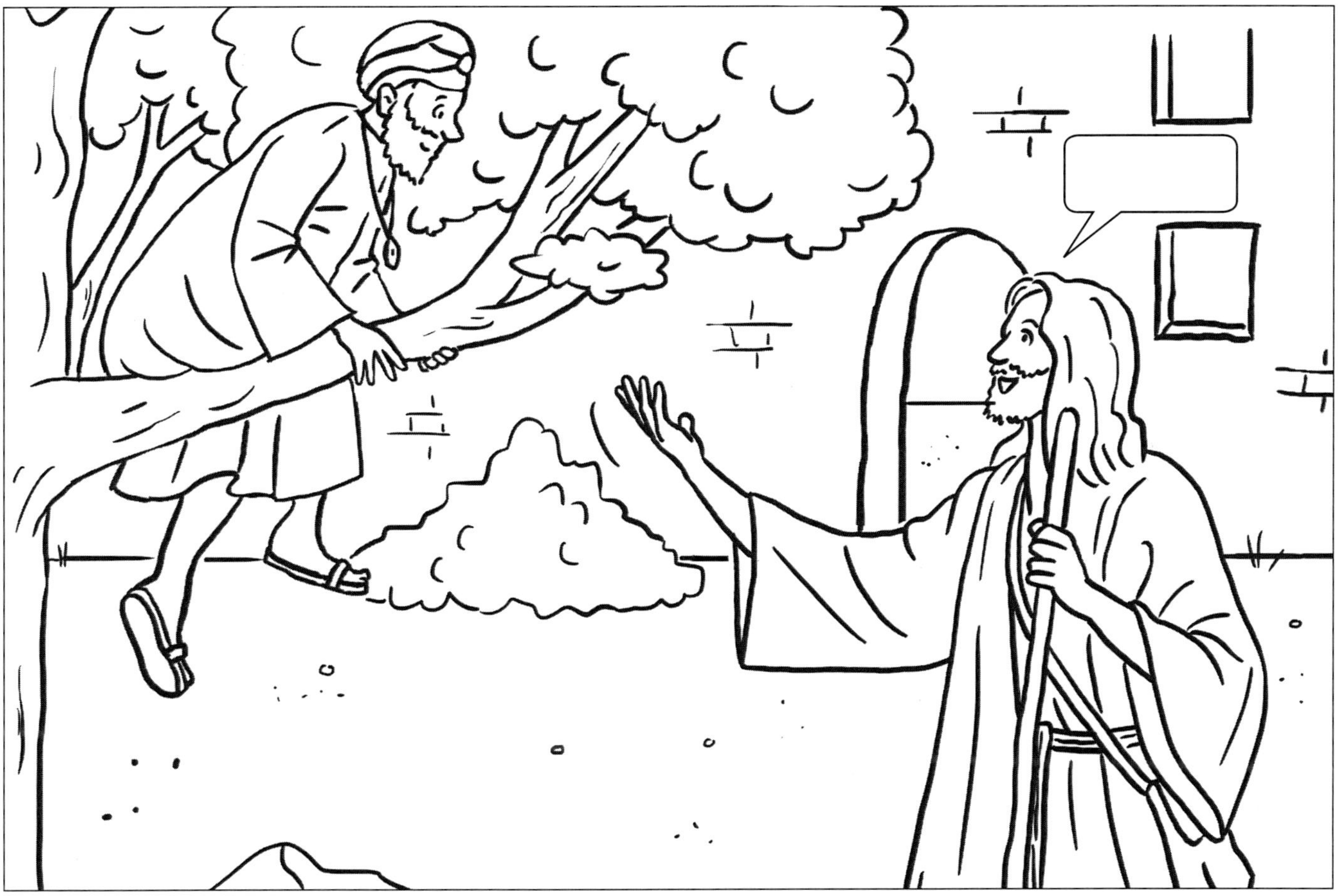

Arbeitsblatt „Zachäus begegnet Jesus“

Fülle die Gedankenblasen.

So war mein Leben, bevor Jesus mir begegnete:

So war mein Leben, nachdem Jesus mir begegnete:

Arbeitsblatt „Bartimäus“

Sortiere die Bilder in der richtigen Reihenfolge.

Nummeriere sie.

Was passiert auf den Bildern?
Schreibe auf.

Arbeitsblatt „Jesus und der Gelähmte“ 1

Schneide die Leporelloseite aus.

Wie muntern die Freunde den Gelähmten auf?
Schreibe passende Worte in eine Sprechblase.

Male das Bild an.

Arbeitsblatt „Jesus und der Gelähmte“ 2

Schneide die Leporelloseite aus.

Wie geht es dem Gelähmten auf dem Dach? Was denkt er?
Schreibe passende Worte in eine Gedankenblase.

Male das Bild an.

Arbeitsblatt „Jesus und der Gelähmte“ 3

- Schneide die Leporelloseite aus.
- Was denken die Freunde?
  Schreibe passende Worte in eine Gedankenblase.
- Male das Bild an.

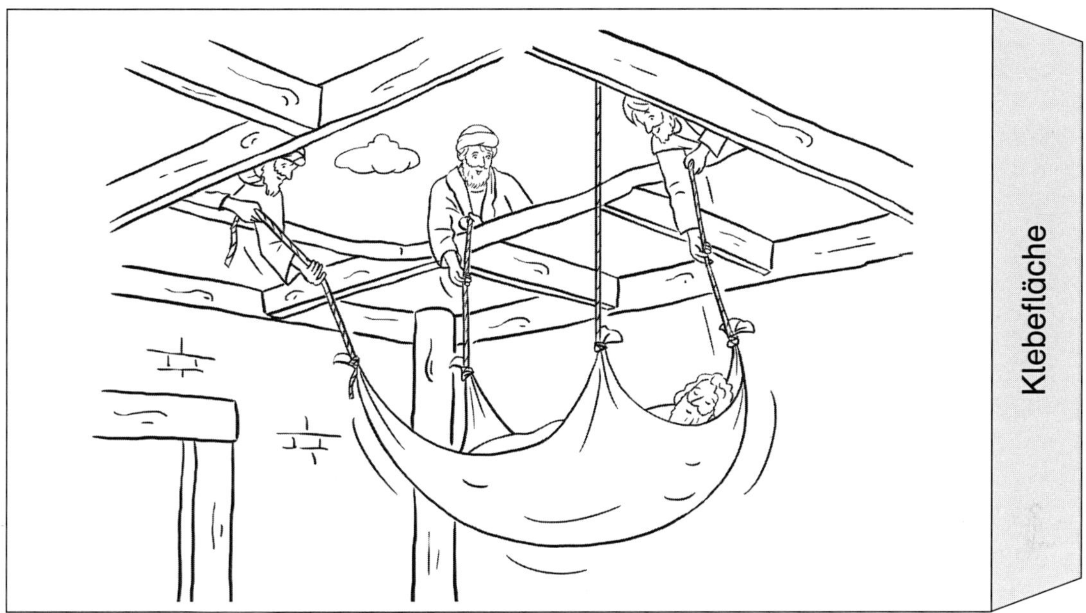

Arbeitsblatt „Jesus und der Gelähmte“ 4

- Schneide die Leporelloseite aus.
- Wie geht es dem Geheilten? Was sagt er?
  Schreibe passende Worte in eine Sprechblase.
- Male das Bild an.

Welche Geschichten von Jesus hast du kennengelernt?
Male zu jeder Geschichte ein passendes Bild.

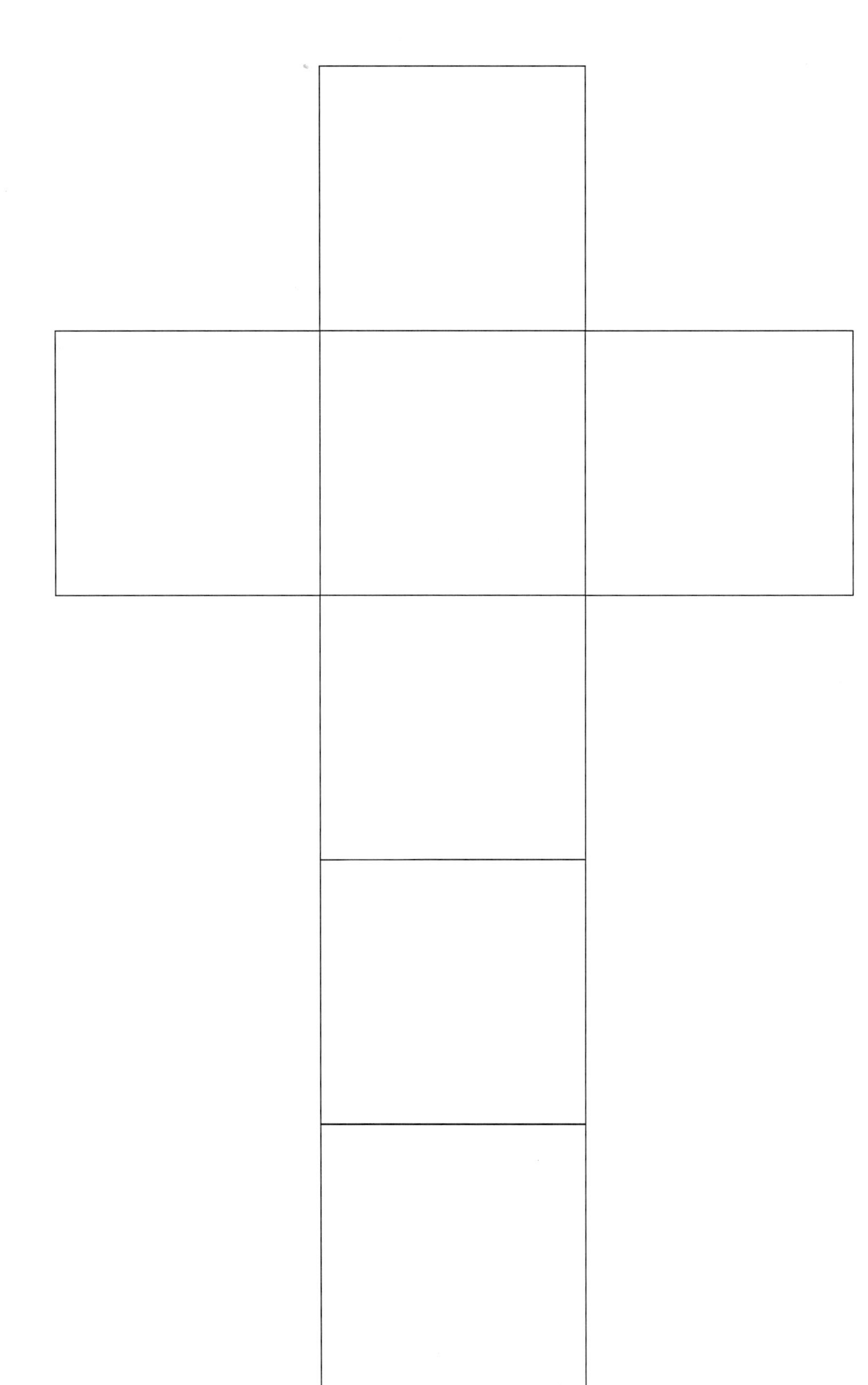

Für den Einstieg in die Unterrichtsstunden zur Ostererzählung eignen sich kleine Gegenstände, die zu Beginn jeder Stunde zum Einsatz kommen. Anhand der Gegenstände können die einzelnen Aspekte der Passionsgeschichte wiederholt werden. Sie werden von der Lehrkraft im Stuhlkreis in die Kreismitte gelegt und symbolisieren den Passionsweg. Folgende Gegenstände sind möglich:

- 1. Stunde: Abbildung von Palmwedeln sowie eines Esels
- 2. Stunde: Abbildung eines kleinen Kelches und eines Brotes
- 3. Stunde: Abbildung einer Pflanze sowie eines Schwertes
- 4. Stunde: Abbildung einer Krone aus Ästen sowie eines Kreuzes
- 5. Stunde: ein mitgebrachter Stein

1. Stunde: Jesus zieht in Jerusalem ein

Material:

- Abbildung von Palmwedel und Esel
- Geschichte „Die Ostererzählung", Teil 1
- Bodenbildmaterialien (Tücher, Steine etc.)
- Arbeitsblatt „Jesus zieht in Jerusalem ein"
- Lied: „Jesus zieht in Jerusalem ein"

Unterrichtsverlauf:
Die Unterrichtsstunde beginnt ritualisiert im Sitzkreis (s. „Rituale im Anfangsunterricht").
Anschließend berichtet die Lehrkraft, dass bald ein für die Christinnen und Christen sehr wichtiges Fest gefeiert wird: Ostern. Das Vorwissen der Kinder zum Fest wird zusammengetragen.
Die Lehrkraft liest den ersten Abschnitt der Geschichte „Die Ostererzählung" vor. Die Schülerinnen und Schüler legen passend zum Gehörten ein Bodenbild.

Die Ostererzählung (Teil 1)

(nach Markus 11,1–11)

Viele Menschen machten sich auf den Weg nach Jerusalem, um dort das Passafest zu feiern.
Auch Jesus wollte mit seinen Jüngern das Fest feiern. Kurz bevor sie Jerusalem erreicht hatten, sagte Jesus zu seinen Jüngern: „In dem Dorf da vorne werdet ihr beim ersten Haus einen Esel sehen. Bitte bringt ihn mir her." Die Jünger gingen los und holten den Esel, damit Jesus als Retter und König in Jerusalem einziehen konnte.
Viele Menschen sahen, wie Jesus in Jerusalem einritt, und kamen herbei, um ihn zu begrüßen. Vor Freude legten sie ihre Mäntel auf den Boden und es war, als würde Jesus wie ein König auf einem roten Teppich in die Stadt einreiten. Immer mehr Menschen kamen herbei: Männer und Frauen, Kinder und Alte. Mit Palmwedeln winkend, begrüßten die Menschen Jesus. Sie waren glücklich und jubelten Jesus zu. Sie riefen: „Hosianna! Hosianna!" Das heißt: „Sei gesegnet!"

Im Anschluss legt die Lehrkraft die Abbildung von Palmwedel und Esel zum Bodenbild und die Schülerinnen und Schüler fassen das Gehörte zusammen. Sie äußern Vermutungen, warum sich die Menschen auf die Ankunft Jesu gefreut haben. Die Ergebnisse werden auf Tonkartonstreifen notiert und zum Bodenbild gelegt. Nun erhalten die Schülerinnen und Schüler das Arbeitsblatt „Jesus zieht in Jerusalem ein" und malen Palmwedel und Kleidungsstücke auf den Weg in die Stadt.
Zum Abschluss der Arbeitsphase stellen die Kinder ihre Ergebnisse im Sitzkreis vor. Gemeinsam wird das Lied „Jesus zieht in Jerusalem ein" gesungen.

2. Stunde: Das letzte Abendmahl

Material:

- Abbildung eines Kelches und eines Brotes
- Geschichte „Die Ostererzählung", Teil 2
- Bodenbildmaterialien (Tücher, Steine etc.)
- Arbeitsblatt „Das letzte Abendmahl"

Unterrichtsverlauf:
Die Unterrichtsstunde beginnt ritualisiert im Sitzkreis (s. „Rituale im Anfangsunterricht").
Anschließend wiederholen die Kinder die Inhalte der vergangenen Unterrichtsstunde mithilfe der Abbildungen (Palmwedel und Esel).
Die Lehrkraft liest den zweiten Abschnitt der Geschichte „Die Ostererzählung" vor. Die Schülerinnen und Schüler legen passend zum Gehörten ein Bodenbild.

Die Ostererzählung (Teil 2)

(nach Matthäus 26, 20–29)

Nach dem Einzug in Jerusalem suchte sich Jesus mit seinen Jüngern ein Haus, in dem sie gemeinsam das Passafest feiern konnten. Jesus sagte zu seinen Jüngern: „Ich werde heute das letzte Mal mit euch essen, ich werde euch bald verlassen. Ich werde verhaftet und getötet, da einer von euch mich verraten wird." Die Jünger konnten nicht glauben, was Jesus da gerade gesagt hatte.

Bei dieser Abendmahlfeier waren alle sehr traurig. Jesus nahm das Brot. Er dankte Gott, brach es, gab es seinen Jüngern und sprach: „Nehmt und esst! Das ist mein Körper, der für euch gegeben wird." Dann nahm er den Becher Wein, dankte Gott, gab ihn seinen Jüngern und sprach: „Trinkt alle daraus! Dies ist mein Blut und es wird vergossen zur Vergebung der Sünden." Die Jünger merkten, dass dieses Passafest anders war als die letzten.

Im Anschluss legt die Lehrkraft die Abbildung eines Brotes und eines Kelches zum Bodenbild und die Schülerinnen und Schüler fassen das Gehörte zusammen. Sie erfahren von der Lehrkraft, dass Christinnen und Christen noch heute das letzte Abendmahl feiern. Anschließend erhalten sie das Arbeitsblatt „Das letzte Abendmahl" und malen sich zwischen die Jünger.
Die Kinder stellen ihre Bilder zum Abschluss der Unterrichtsstunde im Sitzkreis vor.

3. Stunde: Jesus betet im Garten Gethsemane

Material:
- Abbildung einer Pflanze und eines Schwertes
- schwarzes Tuch
- Biegepuppe
- Geschichte „Die Ostererzählung", Teil 3
- Bodenbildmaterialien (Tücher, Steine etc.)
- Arbeitsblatt „Im Garten Gethsemane"

Unterrichtsverlauf:
Die Unterrichtsstunde beginnt ritualisiert im Sitzkreis (s. „Rituale im Anfangsunterricht").
Die Kinder wiederholen anschließend mithilfe der Abbildungen (Palmwedel, Esel, Kelch und Brot) die Inhalte aus der vergangenen Unterrichtsstunde.
Die Lehrkraft legt eine Biegefigur in die Kreismitte auf ein schwarzes Tuch. Zusätzlich wird die Bildkarte einer Pflanze hinzugelegt. Sie symbolisiert den Garten Gethsemane. Die Figur wird in einer betenden und knienden Haltung aufgestellt. Die Lehrkraft liest nun den dritten Teil der Geschichte „Die Ostererzählung" vor. Die Schülerinnen und Schüler legen passend zum Gehörten ein Bodenbild.

Die Ostererzählung (Teil 3)

(nach Matthäus 26, 30-46)

Nach dem Passafest ging Jesus mit seinen Jüngern durch die Stadt zum Ölberg. Er wollte in den Garten Gethsemane und die Nacht dort verbringen. Jesus sagte zu seinen Jüngern: „Heute Nacht werdet ihr mich alle verlassen und nicht mehr bei mir sein." Das wollten die Jünger nicht glauben. Sie waren empört und schworen, dass sie Jesus niemals verlassen würden.
Im Garten angekommen, bat Jesus seine Jünger, auf ihn zu warten. Er wolle in den Garten gehen, um zu beten. Drei seiner Jünger nahm er mit.
Jesus bekam auf einmal große Angst. Die Jünger setzten sich unter einen Ölbaum und warteten auf ihn. Jesus selbst ging noch ein kleines Stückchen weiter in den finsteren Garten und begann, zu Gott zu beten. Er bat Gott, dass er ihn nicht zu sehr leiden lassen solle. Er sagte ihm aber auch, dass er alles so machen würde, wie Gott es wolle. Jesus war sehr verzweifelt.
Nach einer Weile betete er wieder zu Gott und sagte ihm, dass er bereit sei zu sterben, wenn Gott es so wolle. Jesus spürte Gottes Nähe, er spürte, dass Gott ihm Kraft und Trost in dieser schweren Stunde gab. Nun war Jesus für das bereit, was auf ihn zukommen würde, und er ging zu seinen Jüngern zurück.

Im Anschluss legt die Lehrkraft die Abbildung eines Schwertes zum Bodenbild und die Schülerinnen und Schüler fassen das Gehörte zusammen. Anschließend gestalten die Kinder in Kleingruppen ein Standbild. Sie stellen den betenden Jesus und seine Gefühle dar. Bei der Präsentation der Standbilder setzt sich ein Kind betend auf den Boden, die anderen Schülerinnen und Schüler gehen zu dem Kind, legen die Hand auf die Schulter und sprechen aus, was Jesus fühlt, beginnend mit: „Ich fühle …"
Die Kinder erhalten das Arbeitsblatt „Im Garten Gethsemane" und schreiben in die Gedankenblase ein mögliches Gebet Jesu auf. Anschließend malen sie das Bild mit Farben an, die die Gefühle von Jesus symbolisieren.
Zum Abschluss der Arbeitsphase stellen die Kinder ihre Ergebnisse der Klasse vor.

4. Stunde: Jesus stirbt am Kreuz (Doppelstunde)

Material:
- schwarzes Tuch
- Abbildung einer Krone aus Ästen sowie eines Kreuzes
- Geschichte „Die Ostererzählung", Teil 4
- Bodenbildmaterialien (Tücher, Steine etc.)
- ein Stein
- gelber Tonkarton
- Arbeitsblatt „Jesus stirbt am Kreuz"

Unterrichtsverlauf:
Die Unterrichtsstunde beginnt ritualisiert im Sitzkreis (s. „Rituale im Anfangsunterricht").
Die Schülerinnen und Schüler wiederholen anschließend die Inhalte aus der vergangenen Stunde. Dazu legt die Lehrkraft die passenden Abbildungen (Palmwedel, Esel, Kelch, Brot, Pflanze und Schwert) in die Kreismitte und liest den vierten Teil der Geschichte „Die Ostererzählung" vor. Die Schülerinnen und Schüler legen passend zum Gehörten ein Bodenbild.

Die Ostererzählung (Teil 4)

(nach Matthäus 27, 31–66)

Jesus wurde noch im Garten Gethesemane von Soldaten gefangengenommen und anschließend verurteilt. Jesus sollte auf dem Hügel Golgatha gekreuzigt werden. Die Soldaten machten sich über Jesus lustig und setzten ihm eine Krone aus Dornen auf den Kopf als Zeichen für einen König. Ein schweres Holzkreuz musste Jesus schleppen, doch nach einer Weile konnte er nicht mehr. Ein Mann kam von einem Feld und nahm Jesus das Kreuz ab. Auf dem Hügel angekommen, wurde Jesus ans Kreuz genagelt.
Als es Mittag wurde, wurde es ganz finster und die Sonne war nicht mehr zu sehen. Es wurde plötzlich mitten am Tag Nacht. Jesus schrie laut nach seinem Vater im Himmel und starb. Dann bebte plötzlich die Erde, Felsen und Stein brachen auseinander und jetzt merkten die Soldaten, dass Jesus wirklich der Sohn Gottes war.
Nach einiger Zeit kam ein Mann, nahm Jesus vom Kreuz, wickelte ihn vorsichtig in ein Tuch und brachte ihn in einen Garten beim Hügel Golgatha. Dort legte er Jesus in eine Grabhöhle und ein großer Stein wurde vor den Eingang der Höhle gerollt.

Im Anschluss legt die Lehrkraft die Abbildung einer Astkrone und eines Kreuzes zum Bodenbild und legt zudem einen Stein, der das Grab Jesu symbolisiert, hinzu. Die Schülerinnen und Schüler fassen das Gehörte mithilfe des Bodenbildes und der Abbildungen zusammen.
Die Kinder erhalten anschließend das Arbeitsblatt „Jesus stirbt am Kreuz". Sie schneiden einen Stein aus, kleben ihn zum Bild und malen ihn schwarz an.
Die Lehrkraft liest nun den fünften Teil der Geschichte „Die Ostererzählung" vor.

Die Ostererzählung (Teil 5)

(nach Matthäus 28, 1–10)

Am dritten Tag wollten zwei Frauen zum Grab von Jesus, um ihn mit Salbe einzureiben. Als sie am Grab ankamen, sahen sie auf einmal ein helles Licht und es schien, als ob die Erde erbebte. Als sie zum Grab schauten, war der Stein nicht mehr vor der Höhle. Wie konnte das sein? Am Eingang der Höhle saß ein Engel Gottes. Die Frauen waren sehr erschrocken, doch der Engel Gottes sagte zu ihnen: „Ihr braucht keine Angst zu haben. Jesus ist auferstanden." Die Frauen konnten nicht glauben, was sie gerade gehört hatten. Der Engel bat die Frauen, in die Höhle zu schauen, und tatsächlich: Das Grab war leer! Die Frauen waren sehr verunsichert und verließen den Garten. Plötzlich kam ihnen ein Mann entgegen und sie erkannten, dass es Jesus war. Es war also wahr, Jesus lebte. Die Frauen knieten vor Jesus nieder.
Jesus beruhigte sie und sprach: „Habt keine Angst. Macht euch auf und berichtet den Jüngern davon, was ihr gesehen und erlebt habt. Sagt ihnen, dass ich lebe und dass ich sie besuchen werde."
Überglücklich machten sich die Frauen sogleich auf den Weg, um den Jüngern die frohe Botschaft mitzuteilen.

Die Kinder legen nun gelbe Sonnenstrahlen aus Tonkartonstreifen im Halbkreis um den Stein im Bodenbild. Die Schülerinnen und Schüler bearbeiten ihr Arbeitsblatt „Jesus stirbt am Kreuz" weiter, indem sie den Stein aufklappen, die Rückseite gelb anmalen und Sonnenstrahlen aus gelbem Tonkarton rund um den Eingang der Höhle kleben. Weiterhin schreiben sie in die Gedankenblase, was die Frauen denken, als sie das leere Grab auffinden. Leistungsstarke Kinder können auf den Sonnenstrahlen ergänzen, dass Jesus auferstanden ist. Zum Abschluss der Arbeitsphase stellen die Kinder ihre Ergebnisse der Klasse vor.

5. Stunde: Die Emmausgeschichte

Material:
- Geschichte „Die Ostererzählung", Teil 6
- Bodenbildmaterialien (Tücher, Steine etc.)
- Arbeitsblätter „Die Emmausjünger"
- Arbeitsblatt „Meine Ostergeschichte"
- Deckfarbkasten oder Stempelkissen

Unterrichtsverlauf:
Die Unterrichtsstunde beginnt ritualisiert im Sitzkreis (s. „Rituale im Anfangsunterricht").
Die Schülerinnen und Schüler wiederholen anschließend die Inhalte aus der vergangenen Stunde. Dazu legt die Lehrkraft zur Unterstützung die passenden Abbildungen in die Kreismitte.
Die Lehrkraft liest nun den sechsten Teil der Geschichte „Die Ostererzählung" vor. Die Schülerinnen und Schüler legen passend zum Gehörten ein Bodenbild.

Die Ostererzählung (Teil 6)

(nach Lukas 24)

Am Abend machten sich zwei Freunde von Jerusalem auf den Weg nach Emmaus, einem kleinen Dorf. Sie waren sehr traurig. Sie unterhielten sich über das, was mit Jesus geschehen war, und konnten immer noch nicht fassen, dass Jesus tot sein sollte. Die Frauen hatten ihnen zwar gesagt, dass Jesus leben würde, aber das konnten sie nicht glauben.
Nach einer Weile bemerkten sie, dass sich ein Fremder zu ihnen gesellt hatte. Der Fremde fragte: „Über wen redet ihr?" Die Freunde waren erstaunt, dass der Fremde nichts vom Tod Jesu wusste. Sie erzählten ihm davon. Auch davon, dass ihnen zwei Frauen berichtet hatten, dass Jesus auferstanden sein sollte. Da erzählte der Fremde, dass die Propheten schon vor langer Zeit vorausgesagt hatten, dass Jesus, Gottes Sohn, leiden, sterben und auferstehen würde.

Als sie in Emmaus ankamen, war es schon spät. Der Fremde ging mit in das Haus der Jünger und setzte sich mit an den Tisch. Er nahm das Brot, brach es und gab es den beiden. Auf einmal wussten die Jünger, wer der Fremde war: Es war Jesus. Sie waren so glücklich und wollten alles von Jesus erfahren, doch da war er bereits nicht mehr da. Sie sprangen auf und liefen auf dem schnellsten Weg zurück nach Jerusalem. Sie berichteten den anderen Jüngern von Jesu Auferstehung.

Die Schülerinnen und Schüler fassen das Gehörte mithilfe des Bodenbildes zusammen.
Anschließend erläutert die Lehrperson den Arbeitsauftrag. Die Kinder erhalten die Arbeitsblätter „Die Emmausjünger". Sie stempeln mit ihrem Zeigefinger und Farbe (Deckfarbkasten oder Stempelkissen) die Fußspuren der Jünger bis zur Hälfte der Wegstrecke. Nun kommt eine weitere Fußspur in einer anderen Farbe dazu. Die drei Spuren führen bis Emmaus. Den Rückweg stempeln die Kinder nur mit zwei Fußspuren. Weiterhin ergänzen die Schülerinnen und Schüler in den Sprechblasen, worüber sich die Jünger auf dem Hin- und Rückweg unterhalten. Zum Abschluss der Arbeitsphase stellen die Kinder ihre Ergebnisse der Klasse vor.

Zusammenfassend erhalten die Kinder in der Folgestunde ein Faltheftchen zur Ostergeschichte, in das sie hineinmalen können.

Jesus zieht in Jerusalem ein

Text: Neubert, Gottfried
Melodie: Neubert, Gottfried © Strube Verlag GmbH, München

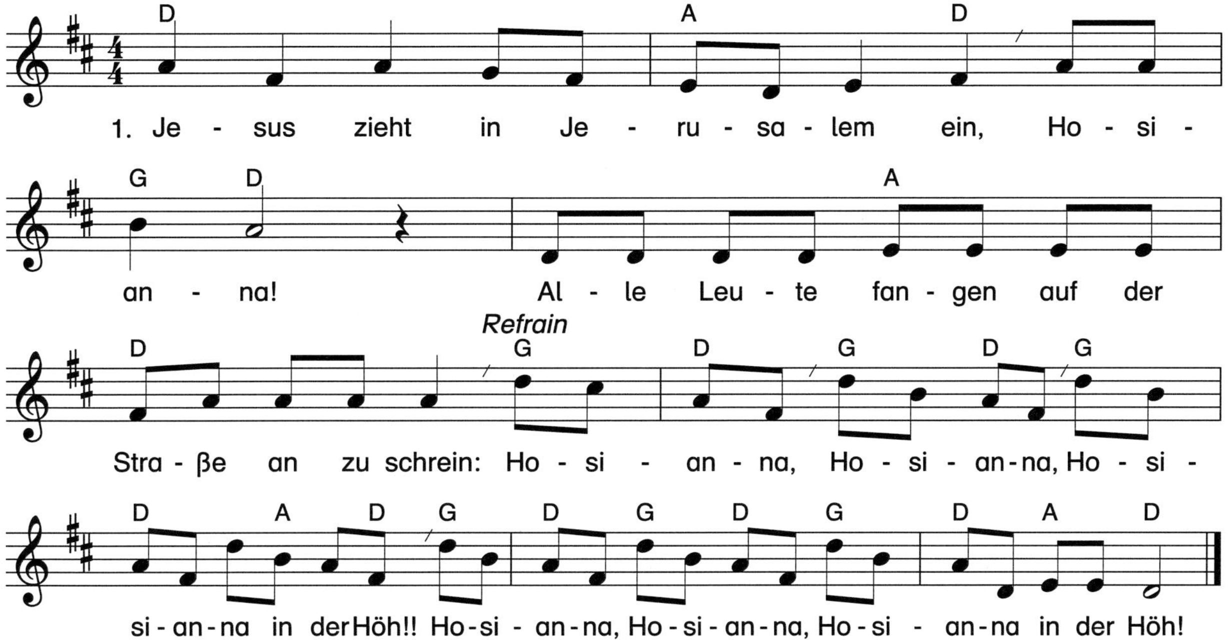

Refrain:
Hosianna, Hosianna, Hosianna in der Höh!
Hosianna, Hosianna, Hosianna in der Höh!

Strophe 2:
Jesus zieht in Jerusalem ein, Hosianna!
Seht, er kommt geritten, auf dem Esel sitzt der Herr!

Strophe 3:
Jesus zieht in Jerusalem ein, Hosianna!
Kommt und legt ihm Zweige von den Bäumen auf den Weg!

Strophe 4:
Jesus zieht in Jerusalem ein, Hosianna!
Kommt und breitet Kleider auf der Straße vor ihm aus!

Strophe 5:
Jesus zieht in Jerusalem ein, Hosianna!
Alle Leute rufen laut und loben Gott den Herrn!

Strophe 6:
Jesus zieht in Jerusalem ein, Hosianna!
Kommt und lasst uns bitten, statt das „Kreuzige“ zu schrein:
Komm, Herr Jesus, komm, Herr Jesus, komm, Herr Jesus, auch zu uns.
Komm, Herr Jesus, komm, Herr Jesus, komm, Herr Jesus, auch zu uns.

Arbeitsblatt „Jesus zieht in Jerusalem ein“

Wie haben die Menschen Jesus empfangen?

 Male.

Warum haben sich die Menschen auf Jesus gefreut? Schreibe es zum Bild.

Arbeitsblatt „Das letzte Abendmahl“

Was sollen Jesu Jünger auch nach seinem Tod immer wieder gemeinsam machen? Schreibe es in das Bild.

Male dich zum Bild. Male das Bild an.

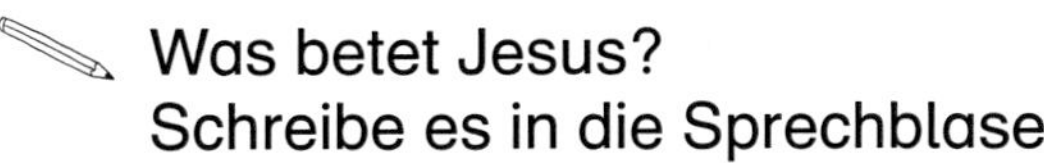

Was betet Jesus?
Schreibe es in die Sprechblase.

Wie geht es Jesus?
Male ihn in den passenden Farben an.

Schneide den Stein aus.

Klebe ihn über den Höhleneingang.

Male den Stein schwarz an.

Die Frauen finden ein leeres Grab.
Was denken sie? Schreibe es auf.

Stempel die Fußspuren für die Jünger und für Jesus.

 Wie geht es den Jüngern auf dem Hinweg?
Male sie in den passenden Farben an.

Hinweg:

Stempel die Fußspuren für die Jünger und für Jesus.

Wie geht es den Jüngern auf dem Rückweg?
Male sie in den passenden Farben an.

Worüber unterhalten sich die Jünger auf dem Rückweg?
,Was sagen sie? Schreibe es in die Sprechblasen.

Rückweg:

Die Ostergeschichte

Die Menschen erwarten Jesus voller Freude zum Passafest in Jerusalem.

2

Jesus feiert mit seinen Jüngern das letzte Abendmahl.

3

Jesus wird im Garten Gethsemane verhaftet.

4

Jesus stirbt am Kreuz.

5

Jesus liegt in der Höhle, die mit einem dicken Stein verschlossen ist.

6

Als zwei Frauen Jesus besuchen wollen, entdecken sie, dass das Grab leer ist. Jesus ist auferstanden.

7

Jesus zeigt sich seinen Jüngern in Emmaus.

8

Diese Unterrichtseinheit lässt sich am besten im Frühling oder im Sommer umsetzen, da der vorgeschlagene Unterrichtsverlauf zum Teil im Freien stattfindet, in diesen Jahreszeiten die Schöpfung besser bestaunt und entdeckt werden kann und beispielsweise Blumen, Gräser und Blätter in den Klassenraum geholt werden können. Alternativ kann die Einheit auch im Herbst durchgeführt und an das Erntedankfest angeknüpft werden.

1. Stunde: Schönheit der Schöpfung

Material:
- Gegenstand aus der Natur
- Arbeitsblatt „Mein Schöpfungsgegenstand“

Unterrichtsverlauf:
Die Unterrichtsstunde beginnt ritualisiert im Sitzkreis (s. „Rituale im Anfangsunterricht“).
Anschließend unternimmt die Lehrkraft mit den Schülerinnen und Schülern einen Unterrichtsgang in einen nah gelegenen Park, Wald oder auf den Schulhof. In der Natur werden kleine Übungen zur Sensibilisierung durchgeführt:
- ▶ Schließe die Augen. Spürst du den Wind?
- ▶ Suche eine Blume. Wie riecht sie?
- ▶ Schließe die Augen und lausche. Was hörst du?
- ▶ Schaue in den Himmel. Was siehst du?
- ▶ Hebe einen großen Stein oder Ast hoch. Was siehst du darunter?
- ▶ Spürst du die Baumrinde? Wie fühlt sie sich an?

Die Kinder suchen sich einen Gegenstand aus, den sie besonders schön finden. Im Klassenraum angekommen, trifft sich die Klasse im Sitzkreis. Die Schülerinnen und Schüler berichten über die Erfahrungen in der Natur, präsentieren den anderen Kindern ihren Gegenstand und erläutern, warum sie ihn ausgewählt haben. Die Schülerinnen und Schüler erhalten das Arbeitsblatt „Mein Schöpfungsgegenstand“ und gestalten ein Bild, in das der mitgebrachte Gegenstand geklebt oder gemalt wird.
Im Anschluss an die Arbeitsphase präsentieren die Kinder ihre Ergebnisse im Sitzkreis.

2. Stunde: Schöpfungsmandala zur Schönheit der Schöpfung

Material:
- Schale mit verschiedenen Naturmaterialien
- kreisrunde Stoff- oder Tonkartonunterlagen
- Arbeitsblatt „Mein Schöpfungsbild“
- Entspannungsmusik

Unterrichtsverlauf:
Die Unterrichtsstunde beginnt ritualisiert im Sitzkreis (s. „Rituale im Anfangsunterricht“).
Anschließend präsentieren die Kinder noch einmal das Bild von ihrem Gegenstand aus der vergangenen Unterrichtsstunde.
Die Lehrkraft erinnert an den Ausflug in die Natur und fragt die Kinder, was ihnen in der Natur besonders gefällt. Die Ideen werden auf Tonkartonstreifen gesammelt und in die Kreismitte gelegt. Nun erhalten die Schülerinnen und Schüler das Arbeitsblatt „Mein Schöpfungsbild“. Die Lehrkraft stellt verschiedene Materialien aus der Natur, z. B. Äste, Blätter, Steine, in einem Korb bereit. Die Kinder können nun entscheiden, ob sie die Materialien in einem Legemandala ästhetisch anordnen möchten oder ein Schöpfungsbild malen wollen. Hierbei kann eine leise Entspannungsmusik wirkungsvoll sein. Zur Besichtigung der Ergebnisse machen die Kinder einen Museumsgang im Klassenraum. In einem anschließenden Unterrichtsgespräch erkennen die Kinder, dass die Natur viele schöne Facetten hat und jede/jeder etwas anderes in ihr sieht. Eine Collage mit den Schöpfungsbildern kann anschließend zusammen mit den Bildern aus der ersten Unterrichtsstunde in einer kleinen Ausstellung arrangiert werden.

3. Stunde: Die Schöpfungsgeschichte

Material:
- Geschichte „Die Schöpfungserzählung“
- Arbeitsblatt „Schöfungslegekreis“

Unterrichtverlauf:
Die Unterrichtsstunde beginnt ritualisiert im Sitzkreis (s. „Rituale im Anfangsunterricht“).
Zur Wiederholung werden noch einmal die Schöpfungsbilder aus der vergangenen Stunde betrachtet. Die Lehrperson liest anschließend die Schöpfungsgeschichte vor.

Die Schöpfungserzählung

(nach 1. Mose 1–2,4)

Zu Beginn war es auf der Erde noch sehr dunkel und leer. Überall war Wasser. Da sprach Gott: „Es werde Licht!“, und siehe da, es wurde hell. Gott sah, dass es gut war.
Am zweiten Tag ließ Gott den Himmel entstehen. Er sprach: „Über der Erde soll ein Himmel sein!“ Gott war zufrieden.

Am dritten Tag erschuf Gott das Land und das Wasser wurde zum Meer. Auf dem Land ließ Gott Gräser und Bäume wachsen. Wieder sah Gott, dass es gut war.
Am vierten Tag erschuf Gott die Sonne, den Mond und die Sterne. Am Tag sollte die Sonne scheinen und in der Nacht sollten der Mond und die Sterne leuchten. Gott sah, dass es gut war.
Am fünften Tag erschuf Gott die Tiere des Wassers und der Luft. Er wollte, dass sich die Vögel und Fische vermehren, und segnete sie. Gott sah, dass es gut war.
Am sechsten Tag erschuf Gott die Tiere auf dem Land: große und kleine, schnelle und langsame, und viele mehr. Gott sah, dass es gut war. Dann erschuf er den Menschen. Alles sollte den Menschen gehören, doch die Menschen sollten Gott gehören. Sie sollten sich um die Erhaltung der Welt kümmern und die Schöpfung bewahren.
Wieder sah Gott, dass es gut war.
Am siebten Tag ruhte Gott sich aus. Er segnete den Tag und machte ihn zu seinem Tag.

Die Schülerinnen und Schüler fassen im Anschluss das Gehörte zusammen und erhalten das Arbeitsblatt „Schöpfungslegekreis“. Sie schneiden die Bilder und Textkarten aus und kleben den Kreis richtig zusammen. Zum Abschluss der Arbeitsphase stellen die Kinder ihre Ergebnisse im Sitzkreis vor.

4. Stunde: Wie können wir die Welt bewahren?

Material:
- Arbeitsblatt „Wie wir die Schöpfung bewahren können“

Unterrichtsverlauf:
Die Unterrichtsstunde beginnt ritualisiert im Sitzkreis (s. „Rituale im Anfangsunterricht“).
Die Lehrkraft legt anschließend verschiedene Schöpfungsgegenstände aus der vorherigen Stunde in die Kreismitte. Die Kinder äußern sich zu den Materialien und wiederholen so die Schöpfungsgeschichte. Die Lehrkraft erläutert den Kindern im Anschluss den Auftrag, den Gott den Menschen gab: die Schöpfung zu bewahren und zu beschützen. Sie fragt die Schülerinnen und Schüler, wie die Menschen diese Aufgabe umsetzen können. Die Ideen der Kinder werden gesammelt und an der Tafel festgehalten. Als Impuls können Gegenstände, wie eine Brotdose, Stofftasche o. Ä. gezeigt werden.
Anschließend erhalten die Kinder das Arbeitsblatt „Wie wir die Schöpfung bewahren können“ und bearbeiten es auf ihrem Platz.
Im Anschluss an die Arbeitsphase präsentieren die Kinder ihre Ergebnisse im Sitzkreis.

5. Stunde: Wir danken Gott für unsere Welt

Material:
- Arbeitsblatt „Dafür bin ich dankbar“
- größere, helle Steine mit möglichst glatter Oberfläche
- Acrylstifte

Unterrichtsverlauf:
Die Unterrichtsstunde beginnt ritualisiert im Sitzkreis (s. „Rituale im Anfangsunterricht“).
Anschließend wird gemeinsam ein Dankeslied gesungen, wie z. B. „Lasst uns miteinander“ (Text und Musik: Peter van Woerden).
Nach dem Lied nimmt die Lehrkraft Bezug zur ersten Stunde und erklärt, dass Gott in dieser Stunde für die Schöpfung gedankt werden soll. Die Schülerinnen und Schüler erhalten dazu das Arbeitsblatt „Dafür bin ich dankbar“ und notieren mithilfe von verschiedenen Satzanfängen, wofür sie dankbar sind. Die Ergebnisse werden im Sitzkreis präsentiert. Anschließend bekommt jede Schülerin / jeder Schüler einen Stein, den sie/er bemalen und mit einem Dank an Gott beschriften kann. Diesen Stein bringen die Kinder an eine von ihnen gewählte Stelle in der Natur, z. B. im Park oder auf den Schulhof.

Arbeitsblatt „Mein Schöpfungsgegenstand“

Suche dir einen besonders schönen Gegenstand in der Natur.

Gestalte ein Kunstwerk mit Tusche oder Wachsmalstiften.

Klebe oder male deinen Gegenstand dazu.

Arbeitsblatt „Mein Schöpfungsbild“

Was findest du in der Natur besonders schön?

Male es.

Arbeitsblatt „Schöpfungslegekreis“

Schneide aus.

Lege die Teile zu einem Kreis zusammen.

Klebe sie auf ein Blatt Papier.

Male die Bilder an.

Male zum sechsten Tag ein Tier hinzu.

Am Anfang schuf Gott Himmel und Erde. Er machte das Licht und die Dunkelheit.

3

1

Gott machte das Land und das Meer.

2

Gott ließ über der Erde den Himmel entstehen.

Gott machte die Tiere
des Wassers und der Luft.
7
6
Gott sah, dass alles gut war
und ruhte sich aus.
4
Gott schuf die Sonne,
den Mond und die Sterne.
5
Gott erschuf die Tiere, die
auf dem Land leben, und
den Menschen.

Arbeitsblatt „Dafür bin ich dankbar“

Wofür bist du Gott dankbar?

 Male oder schreibe es auf.
Diese Satzanfänge helfen dir:

Gott, ich bin dankbar für …	Du hast mir geschenkt …

Ich sehe …	Ich rieche …	Ich fühle …

Arbeitsblatt „Wie wir die Schöpfung bewahren können“

Gott gab den Menschen einen Auftrag: Sie sollen die Erde schützen. Die Menschen sollen also gut mit Pflanzen, Tieren, Wasser, Luft und den anderen Menschen umgehen und darauf aufpassen.

Wie kannst du die Schöpfung bewahren?

Streiche falsche Bilder durch.

Male richtige Bilder an.

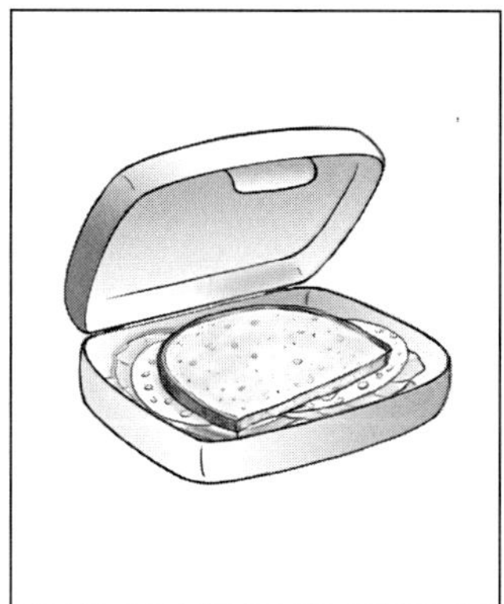

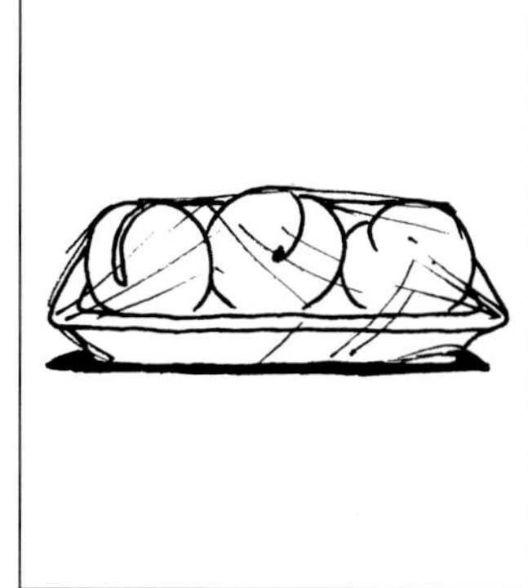
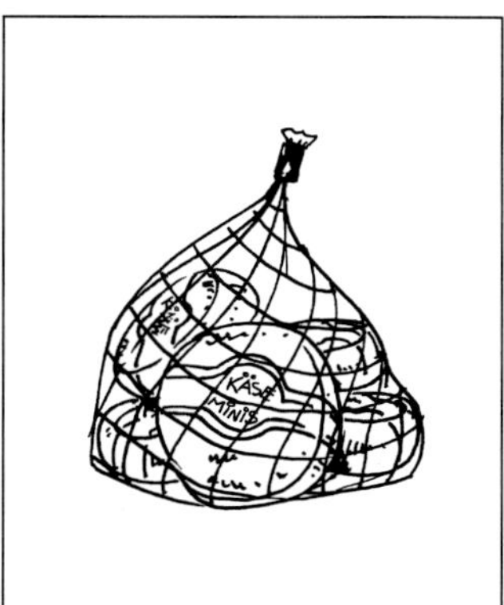

1. Stunde: So leben Abraham und Sara

Material:
- Geschichte „Abraham und Sara", Teil 1
- Bildvorlage „Nomadenzelt"
- Bildvorlage „Landkarte"
- Arbeitsblatt „So leben Abraham und Sara"
- Tonkarton
- Lied: „Habt ihr schon gehört von Abraham"

Unterrichtsverlauf:
Die Unterrichtsstunde beginnt ritualisiert im Sitzkreis (s. „Rituale im Anfangsunterricht").
Anschließend legt die Lehrkraft die Bildvorlagen „Landkarte" und „Nomadenzelt" in die Kreismitte. Die Schülerinnen und Schüler betrachten die Bilder und beschreiben, was sie sehen. Die Lehrkraft berichtet über das Leben zur Zeit Abrahams. Sie liest den ersten Abschnitt der Geschichte vor.

Abraham und Sara (Teil 1)

(nach 1. Mose 12–21)

Abraham lebte vor sehr langer Zeit. Er hatte eine Frau, die hieß Sara. Abraham lebte in der Nähe der Stadt Haran. Er hatte viele Tiere, zum Beispiel Kühe und Schafe. Sara und Abraham hatten auch Arbeiter, die für sie schwere Dinge verrichteten. Sie hatten genug zu essen und zu trinken, ja, man kann sagen, dass sie eine reiche und angesehene Familie waren und alles hatten, was sie zum Leben brauchten.
Abraham und Sara lebten als Nomaden. Nomaden lebten nicht in Häusern. Sie zogen mit ihren Tieren umher und suchten immer neue gute Weideflächen sowie Wasserstellen für ihr Vieh. Um schnell weiterziehen zu können, lebten sie daher in Zelten, die eingepackt und an einem anderen Ort wieder aufgestellt werden konnten.

Die Schülerinnen und Schüler fassen mithilfe der Bildvorlagen in der Kreismitte das Gehörte zusammen. Anschließend erhalten sie das Arbeitsblatt „So leben Abraham und Sara" und gestalten mit den ausgeschnittenen Gegenständen ein Bild auf einem Stück Tonkarton.
Zum Abschluss der Arbeitsphase stellen die Kinder ihre Ergebnisse im Sitzkreis vor. Dann wird gemeinsam das Lied: „Habt ihr schon gehört von Abraham" gesungen.

2. Stunde: Abraham erhält einen Auftrag von Gott

Material:
- Geschichte „Abraham und Sara", Teil 2
- Bildvorlage „Nomadenzelt"
- Bildvorlage „Landkarte"
- Arbeitsblatt „Was ich gerne tue / Was ich ungerne tue"

Unterrichtsverlauf:
Die Unterrichtsstunde beginnt ritualisiert im Sitzkreis (s. „Rituale im Anfangsunterricht").
Die Schülerinnen und Schüler wiederholen anschließend mithilfe des Tonkartonbildes sowie den Bildvorlagen aus der vergangenen Unterrichtsstunde, was sie über Abraham und Sara erfahren haben Die Lehrkraft liest den zweiten Abschnitt der Geschichte vor. Die Kinder erhalten dazu folgende Höraufträge:
- Was könnte Abraham an Gottes Auftrag gut finden, was findet er vielleicht nicht so gut?
- Was bekommt er, was lässt er zurück?

Abraham und Sara (Teil 2)

Eine Sache jedoch schmerzte Abraham, denn er und seine Frau Sara wünschten sich schon lange ein Kind. Eines Tages sprach Gott mit Abraham und gab ihm einen Auftrag. Abraham sollte in ein Land ziehen, das Gott ihm zeigen wollte. Das Land hieß Kanaan. Gott wollte Abraham in dem neuen Land viele Kinder schenken.

Die Schülerinnen und Schüler fassen im Anschluss das Gehörte zusammen und äußern ihre Vermutungen zu den Höraufträgen. Die Lehrkraft fragt nun: „Hast du schon einmal einen Auftrag, z. B. von deiner Mutter, bekommen? Hast du diesen Auftrag gerne erfüllt?" Die Kinder berichten von Aufgaben, die sie erledigen sollten. Die Lehrkraft fasst zusammen, dass es Dinge gibt, die man gerne tut, und Dinge, die man nicht so gerne erfüllt. Auf dem Boden werden Aufträge auf Tonkartonstreifen notiert und in angenehme und unangenehme Aufträge sortiert.
Anschließend fragt die Lehrkraft: „Wie ging es wohl Abraham mit seinem Auftrag?" Die Schülerinnen und Schüler überlegen, auf welche Seite sie Gottes Auftrag legen würden. Dazu wird ein Standbild von Abraham im Stuhlkreis gebaut. Die Kinder treten hinter Abraham, legen die Hand auf die Schulter und sprechen seine Gedanken aus.

Die Schülerinnen und Schüler erhalten nun das Arbeitsblatt „Was ich gerne tue / Was ich ungerne tue“. Sie sortieren die Abbildungen in eine Tabelle und unterscheiden angenehme und unangenehme Tätigkeiten. Zum Abschluss der Arbeitsphase stellen die Kinder ihre Ergebnisse im Sitzkreis vor.

3. Stunde: Abraham und Sara machen sich auf den Weg

Material:
- Geschichte „Abraham und Sara“, Teil 3
- Arbeitsblatt „Abraham und Sara machen sich auf den Weg“

Unterrichtsverlauf:
Die Unterrichtsstunde beginnt ritualisiert im Sitzkreis (s. „Rituale im Anfangsunterricht“).
Die Schülerinnen und Schüler wiederholen anschließend die Inhalte aus der vergangenen Unterrichtsstunde. Die Lehrkraft liest den dritten Abschnitt der Geschichte vor.

Abraham und Sara (Teil 3)

Abraham vertraute Gott. Er packte seine Zelte und seinen Besitz zusammen und holte die Tiere von der Weide. Der Abschied von ihren Freunden und ihrer bekannten Umgebung fiel Abraham und Sara nicht leicht. Dennoch machten sie sich auf den Weg. Die Reise war sehr anstrengend. Lot, der Sohn seines Bruders begleitete Abraham und Sara. Sie reisten durch Wüsten und über Berge.

Die Kinder fassen im Anschluss das Gehörte zusammen. Die Lehrkraft stellt die Frage: „Woher wusste Abraham, welchen Weg er gehen musste?“ Ein Unterrichtsgespräch entwickelt sich und die Schülerinnen und Schüler erkennen, dass Abraham von Gott geführt wurde.
Die Kinder erhalten anschließend das Arbeitsblatt „Abraham und Sara machen sich auf den Weg“. Sie malen die abgebildeten Gegenstände an, die Abraham und Sara mitnehmen.
Zum Abschluss der Arbeitsphase stellen die Kinder ihre Ergebnisse im Sitzkreis vor.

4. Stunde: Gott gibt Abraham ein Versprechen

Material:
- Geschichte „Abraham und Sara“, Teil 4
- Arbeitsblatt „Gott gibt Abraham ein Versprechen“
- schwarzes Tuch
- Biegefigur
- Sterne aus Tonkarton
- schwarzer Tonkarton
- Wachsmalstifte

Unterrichtsverlauf:
Die Unterrichtsstunde beginnt ritualisiert im Sitzkreis (s. „Rituale im Anfangsunterricht“).
Die Schülerinnen und Schüler wiederholen anschließend die Inhalte aus der vergangenen Unterrichtsstunde. Die Lehrkraft liest den vierten Abschnitt der Geschichte vor.

Abraham und Sara (Teil 4)

Nach einer langen, mühsamen Reise kamen Abraham und Sara in dem Land Kanaan an. Im Land Kanaan versprach Gott Abraham, dass er dieses Land seinen Nachkommen geben würde. Abraham war so glücklich, dass Gott ihm Nachkommen versprochen hatte, dass er einen Altar für ihn baute und ihm ein Opfer brachte. So etwas tat man damals, um Gott zu danken.
Während der Reise durch Kanaan trennten sich die Wege von Lot und Abraham, denn ihre Herden konnten zusammen nicht genug Gras finden. Lot ging mit seinen Herden in ein Tal: das Jordantal. Abraham zog weiter und Gott gab ihm erneut das Versprechen, dass hier seine Nachkommen wohnen würden.
Eines Nachts konnte Abraham nicht schlafen. Er ging vor das Zelt und in diesem Moment sprach Gott zu ihm. Gott gab ihm ein weiteres Versprechen: „Abraham, so viele Sterne, wie du am Himmel siehst, so viele Nachkommen werde ich dir schenken.“

In der Kreismitte liegt ein schwarzes Tuch. Auf dem Tuch kniet eine Biegefigur. Die Schülerinnen und Schüler wiederholen das Gehörte und vervollständigen das Bodenbild mit Sternen aus Tonkarton. In einem Gespräch wird geklärt, was das Wort Nachkommen bedeutet.
Die Kinder erhalten anschließend ein Stück schwarzen Tonkarton und das Arbeitsblatt „Gott gibt Abraham ein Versprechen“. Sie schneiden Abraham aus und kleben ihn auf das Stück Tonkarton. Mit Wachsmalstiften wird ein Sternenhimmel hinzugemalt.

Leistungsstarke Schülerinnen und Schüler können auf ihrem Bild den Satz „Du wirst so viele Nachkommen haben, wie Sterne am Himmel stehen." ergänzen.
Zum Abschluss der Arbeitsphase stellen die Kinder ihre Ergebnisse im Sitzkreis vor. Die Bilder können im Klassenzimmer aufgehängt werden und die Kinder im Verlauf der Unterrichtseinheit immer wieder an Gottes Versprechen erinnern.

5. Stunde: Abraham und Sara bekommen Besuch

Material:

- Geschichte „Abraham und Sara", Teil 5
- Arbeitsblatt „Abraham und Sara bekommen Besuch"

Unterrichtsverlauf:
Die Unterrichtsstunde beginnt ritualisiert im Sitzkreis (s. „Rituale im Anfangsunterricht").
Die Schülerinnen und Schüler wiederholen anschließend mithilfe der gestalteten Sternenhimmel die Inhalte aus der vergangenen Unterrichtsstunde. Die Lehrkraft liest den fünften Abschnitt der Geschichte vor.

Abraham und Sara (Teil 5)

Abraham erzählte Sara von dem Sternenhimmel, den er gesehen hatte. Er berichtete Sara, dass Gott ihm versprochen hatte, dass sie so viele Nachkommen haben würden, wie er Sterne am Himmel sehen konnte. Sara glaubte nicht daran, dass sie noch ein Kind bekommen würde, denn mittlerweile war sie schon alt.
Nach dieser Nacht vergingen einige Jahre. Eines Tages bekam Abraham Besuch. Drei Männer kamen zu ihm und Abraham gab ihnen zu essen und zu trinken. Der eine Mann sagte, dass Sara im nächsten Jahr einen Sohn bekommen würde. Sara hörte das, was der Mann sagte, und lachte.

Die Schülerinnen und Schüler fassen im Anschluss an die Geschichte das Gehörte zusammen. In einem gemeinsamen Unterrichtsgespräch äußern die Kinder ihre Vermutungen, wie es Sara in diesem Moment ergangen ist. Wie wird sie sich gefühlt haben? Was wird sie gedacht haben? Kann sie den fremden Männern glauben, die behaupten, sie würde einen Sohn bekommen?
Die Kinder erhalten das Arbeitsblatt „Abraham und Sara bekommen Besuch" und schreiben die Gedanken Saras auf. Ihre Ergebnisse stellen die Schülerinnen und Schüler in einem Abschlussgespräch vor.
Abschließend liest die Lehrkraft die Geschichte weiter vor.

Abraham und Sara (Teil 5)

Erst im Nachhinein erkannten Abraham und Sara, wer zu ihnen gekommen war. Gott selbst war es, der sie besucht hatte und ihnen die gute Nachricht überbrachte.

---

6. Stunde: Abraham und Saras Sohn Isaak wird geboren

Material:

- Geschichte „Abraham und Sara", Teil 6
- Arbeitsblatt „Abraham und Saras Sohn wird geboren"
- Arbeitsblatt „Fußspuren"

Unterrichtsverlauf:
Die Unterrichtsstunde beginnt ritualisiert im Sitzkreis (s. „Rituale im Anfangsunterricht").
Die Schülerinnen und Schüler wiederholen anschließend die Inhalte aus der vergangenen Unterrichtsstunde. Die Lehrkraft liest den sechsten Abschnitt der Geschichte vor.

Abraham und Sara (Teil 6)

Und endlich, nach einer sehr langen Zeit des Wartens, bekam Sara einen Sohn. Sie nannten ihn Isaak. Abraham und Sara luden viele Leute ein und feierten ein großes Fest. Abraham war überglücklich und dankte Gott für seinen Sohn. Gott hatte sein Versprechen gehalten.

Die Schülerinnen und Schüler erhalten anschließend das Arbeitsblatt „Abraham und Saras Sohn wird geboren". Gemeinsam wird das Bild betrachtet und der Inhalt der Geschichte wiederholt. Die Kinder erkennen, wie glücklich Abraham und Sara über die Geburt ihres Sohnes sind. Die Schülerinnen und Schüler bearbeiten das Arbeitsblatt und schreiben für Abraham und Sara Glückwunschkarten zur Geburt. Gegebenenfalls können vorab einige Formulierungen an der Tafel gesammelt werden, um den Kindern eine Hilfestellung zu geben. Die fertigen Glückwunschkarten werden anschließend vorgelesen und zu den Sternenhimmelbildern gehängt.
Zum Abschluss der Unterrichtsstunde liest die Lehrkraft das Ende der Geschichte vor.

Abraham und Sara (Teil 6)

In der Geschichte von Abraham und Sara haben wir gehört, wie Gott Abraham aufforderte, sein Land zu verlassen. Abraham machte sich im Vertrauen auf Gott auf den Weg. Gott begleitete ihn und beschützte ihn auf seiner Reise. Auch wenn Sara und Abraham lange warten mussten, erfüllte Gott ihren Wunsch und schenkte ihnen einen Sohn. Abrahams Vertrauen in Gott war so groß, dass er niemals zweifelte. Gott begleitet auch dich in deinem Leben. Wann hast du das schon einmal gespürt?

In einem gemeinsamen Gespräch nennen die Schülerinnen und Schüler Situationen, in denen sie sich von Gott begleitet oder behütet fühlten. Die Kinder erhalten das Arbeitsblatt „Fußspuren“ und schreiben ihre Gedanken auf.
Zum Abschluss der Arbeitsphase stellen die Kinder ihre Ergebnisse im Sitzkreis vor.

7. Stunde: Abraham und Sara vertrauen auf Gott

Material:
- Ausgeschnittene Bilder aus dem Arbeitsblatt „Filmrolle“
- Arbeitsblatt „Filmrolle“
- Toilettenpapierrollen

Unterrichtsverlauf:
Die Unterrichtsstunde beginnt ritualisiert im Sitzkreis (s. „Rituale im Anfangsunterricht“).
Die Schülerinnen und Schüler wiederholen anschließend mithilfe der Fußspuren die Inhalte aus der vergangenen Unterrichtsstunde.
Die Lehrkraft weist die Kinder darauf hin, dass Abraham und Sara in ganz besonderer Weise von Gott begleitet wurden. Die Bilder des Arbeitsblattes „Filmrolle“ werden ungeordnet in die Mitte gelegt. Die Schülerinnen und Schüler ordnen die Bilder und wiederholen dadurch die Geschichte von Abraham und Sara. Anschließend erhalten sie mit dem Arbeitsblatt „Filmrolle“ den Auftrag, mit einer Toilettenpapierrolle und den Bildern eine Filmrolle zu gestalten.
Zum Abschluss der Arbeitsphase stellen die Kinder ihre Ergebnisse im Sitzkreis vor.

Habt ihr schon gehört von Abraham

Melodie: Wit, Jan, Text: Wit, Jan © Strube Verlag GmbH, München

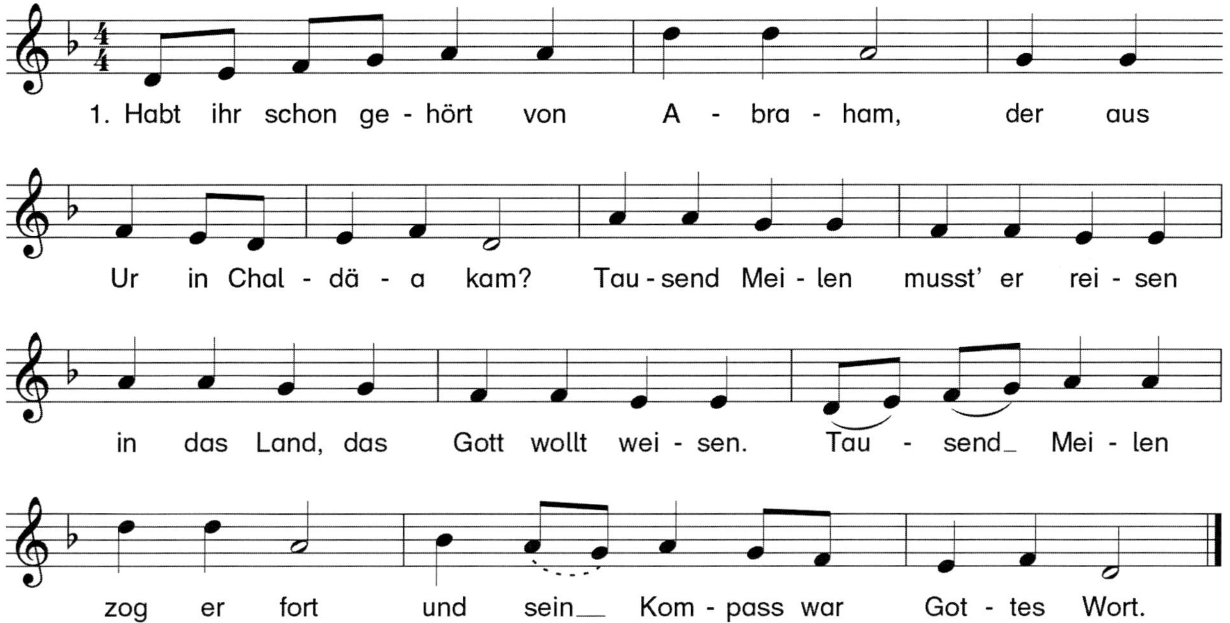

2. Habt ihr schon gehört das Gotteswort:
Zieh aus deiner Freundschaft fort?
Ich will segnen, die dich segnen, strafen, die dir schlecht begegnen.
Ist dein Nam auch arm und klein, soll allem Volk doch zum Segen sein.

Bildkarte „Nomadenzelt“

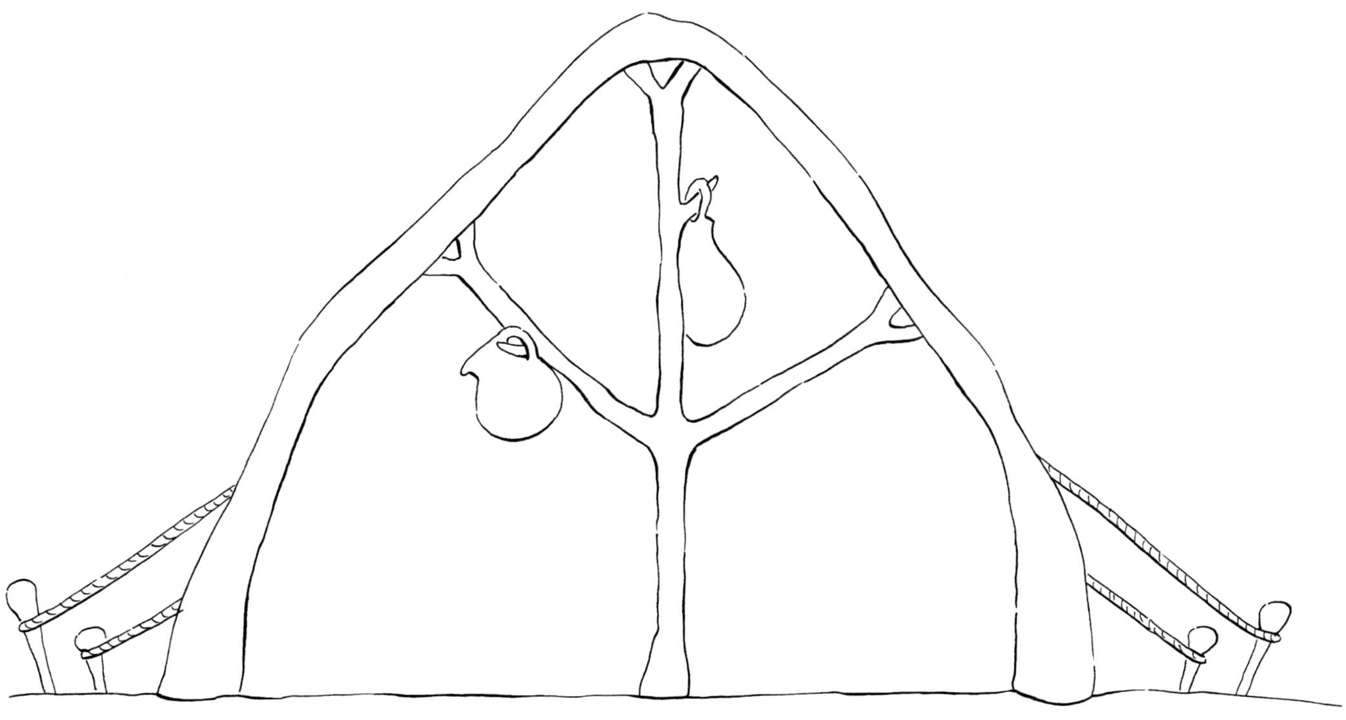

Bildkarte „Landkarte“

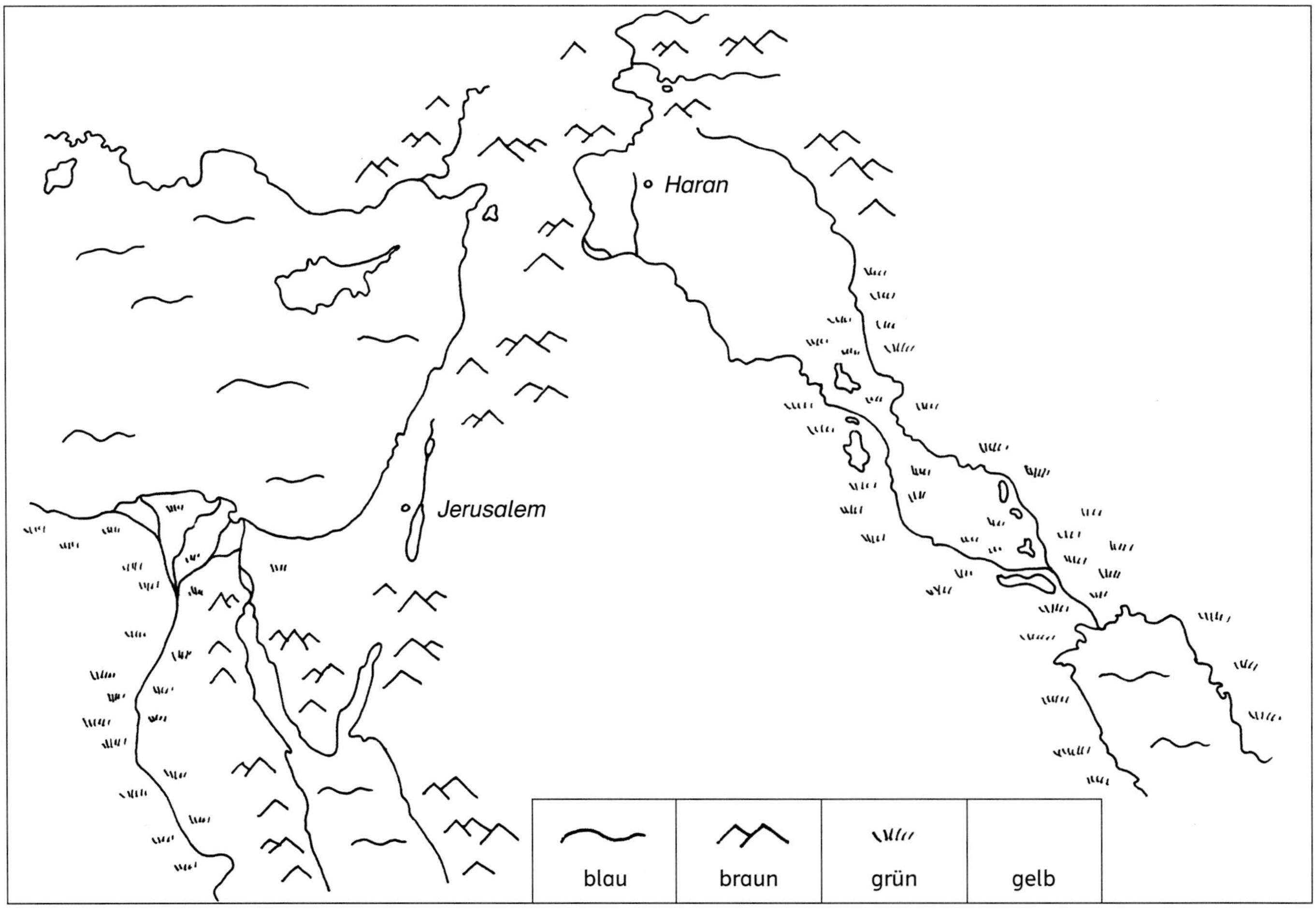

Haran

Jerusalem

blau	braun	grün	gelb

Arbeitsblatt „So leben Abraham und Sara“

- Male an.
- Schneide aus.
- Klebe auf.

Arbeitsblatt „Was ich gerne tue / Was ich ungerne tue“

 Schneide aus.

Sortiere die Bildkarten in die Tabelle.

Finde weitere Dinge, die du gerne oder ungerne tust.

Das tue ich gerne: ☺	Das tue ich nicht gerne: ☹

Arbeitsblatt „Abraham und Sara machen sich auf den Weg“

Welche Gegenstände nehmen Abraham und Sara mit?
Male sie an.

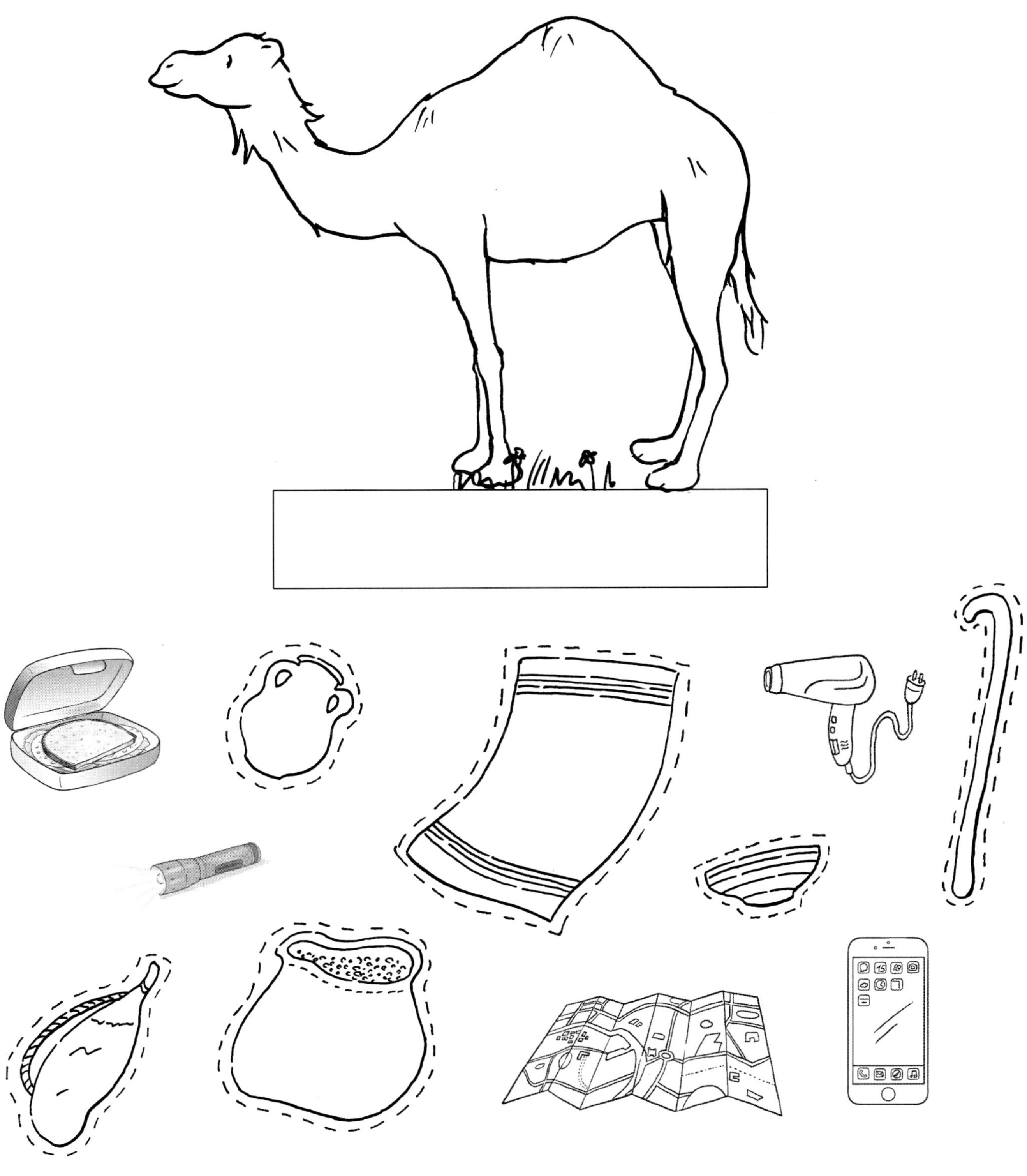

Finde die gesuchten Wörter.

K A R D L T N A E	T G O T

Abraham benötigt keine ____________________, er wird von _________ geleitet.

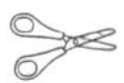 Schneide Abraham aus.

 Klebe ihn auf die untere Hälfte des Tonkartons.

 Male den Sternenhimmel.

Arbeitsblatt „Abraham und Sara bekommen Besuch“

Was denkt Sara?
Fülle die Sprechblasen aus.

Schreibe für Abraham und Sara eine Glückwunschkarte zur Geburt ihres Sohnes.

Schreibe für Abraham und Sara eine Glückwunschkarte zur Geburt ihres Sohnes.

Arbeitsblatt „Fußspuren“

Wann hat Gott dich begleitet und beschützt?
Schreibe oder male.

Gott begleitet dich auch weiterhin auf allen deinen Wegen.

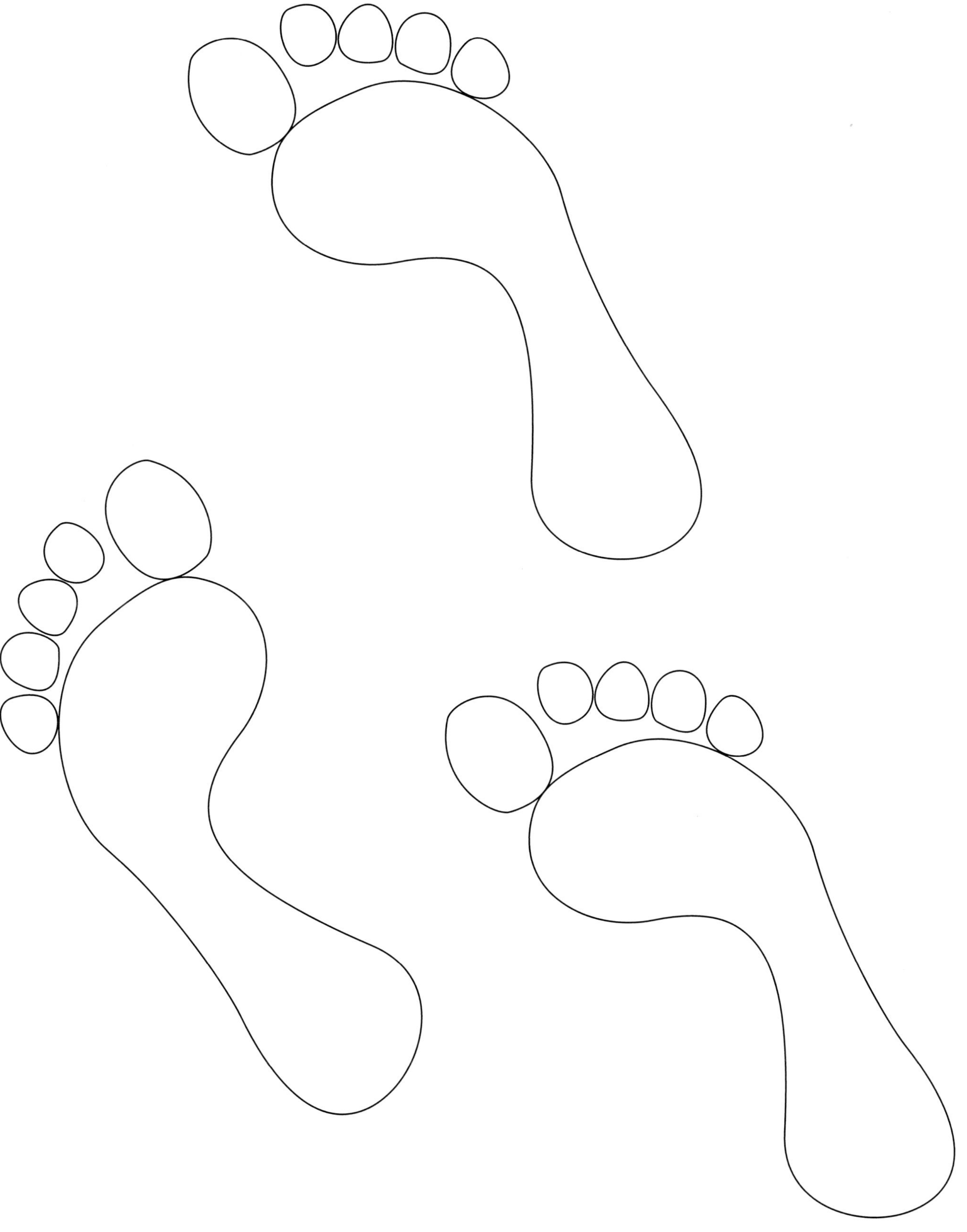

Arbeitsblatt „Filmrolle"

 Schneide die Bilder aus.

Bringe sie in eine richtige Reihenfolge.

Klebe sie zu einem langen Streifen zusammen.

Male die Bilder an.

Wickle den Papierstreifen auf, stecke ihn in die Papierrolle und ziehe den ersten Teil aus dem Schlitz wieder heraus.

Abraham und Sara

Klebefläche

Klebefläche

Klebefläche

Klebefläche

Klebefläche

Klebefläche